今日から
安全衛生担当
シリーズ

産業医の仕事

坂田晃一
福成雄三 著

目　次

Ⅱ．基本的職務について考える

Ⅲ．もう一歩踏み込んで

Ⅳ．考え方を整理する

V. 事業場として産業医に期待する

〈参考〉 安全衛生関係用語あれこれ

まえがき

この本は、これから産業医になろうとする医師やまだ経験の浅い産業医を念頭において執筆しています。

産業医の資格取得や更新のための研修会は毎回ほぼ満員で、受講者は熱心に聴講されています。受講している医師と話をすると、「産業医としての業務をはじめていない」医師が大半です。「踏み出せない」医師が多いのだろうという印象を持っています。医師となったときは、臨床研修から始まり、指導医について学んでいくのですが、産業医には、多くの場合、指導医のような立場の人がおらず、選任された当初から一人で業務を始めることになります。かつては、産業医業務といっても企業内診療所での診療や健康診断が中心で、臨床に近い内容が多く、違和感が少なかったと思いますが、今は過重労働対策やストレスチェックなどのメンタルヘルス対策が求められるなど、業務内容の幅が広がってきています。このようなことが、産業医の需要が高まっている一方で、新たに産業医になる医師があまり増えていない要因の一つかもしれません。また、産業医業務に関する出版物は増えて充実したラインナップになっていますが、産業医経験がないと難解なところもあるようです。

このような状況を考えて、この本では、産業医の世界への理解を深めてもらうことにより、産業医としての第一歩を円滑に踏み出してもらう一助にして欲しいと思い、産業医としての心構え、産業医業務の考え方、事業場関係者との関わり方、業務に活かせるヒントなどを取り上げています。

この本は、さまざまな立場で産業医経験を積んできた坂田と長年企業で安全衛生管理の企画を担当してきた福成の共著です。立場は違いますが、ともに事業場（会社）にとっても従業員にとっても意味のある健康管理を目指してきました。産業医に「産業医として充実した時間を過ごし、存在感のある産業医であってもらいたい」という思いをもって執筆しました。筆者は二人とも製造業での勤務が長く、製造業の産業医を想定した内容が多くなっていますが、他業種においても参考になる内容だと考えています。

産業医の業務は、臨床と違い「ありがとうございます」という言葉を聞くことは少ないかもしれませんが、「やりがい」に溢れています。産業医資格を持つ医師が、産業医としての一歩を踏み出し、面白さと「やりがい」を感じてもらえればと強く願っています。産業医研修などで学んだことを、実践の場（事業場）で活かしてもらう参考にしてもらえたらと思います。

<この本を読むに当たって注意してもらいたい点>

- 法令の解釈などで、筆者の独自の解釈もあります。正確に知る必要がある場合は、関係行政通達などで確認してください。正確を期するというよりも、理解しやすさを優先しています。
- 「法令」は、特に断りのない場合は、労働安全衛生法とその関係政省令、関係告示・公示を指しています。
- 産業医が選任される事業場は「会社」の事業場に限りませんが、「会社」という表現で代表させています。「会社」と言わずに「企業」という表現を使っている箇所もあります。
- 従業員や長時間勤務者という言葉を使っているところがたくさんあります。法令上は「労働者」が安全衛生管理の対象ですが、現実の健康管理は労働者に限らず「働く人」（経営者を含む）を対象に行われていることも多いため、幅広く対象を認識できるようにこのような言葉をあえて使っています。
- 「衛生管理」という表現は「健康管理」を含めてのものです。職業性疾病など従業員の業務に伴う負荷への対応については「労働衛生管理」といった表現も使っています。

・「衛生管理」ではなく「安全衛生管理」という言葉を多用しています。現業系の業務を行う事業場では、「安全管理」と「衛生管理」を一体のものとして取り組んでいることが多いためです。衛生委員会とせずに、安全衛生委員会としているのも同じ理由によります。
・事業場で健康管理を担う医療職を健康管理スタッフと表現しています。
・産業医業務に必要な知識や技術的なことは、関係行政通達や他の出版物などで確認してもらうことを前提とした内容になっています。
・章ごとに独立した内容で執筆していますので、関心のある章を拾い読みしてもらうこともできます。このため、記載内容に多少の重複があります。
・＜エピソードＳ＞の表題を付けたコラムがありますが、筆者（坂田）の産業医経験の中でのエピソードなどを記載しています。

I

第一歩を踏み出す

事業場といっても規模も事業内容もさまざまです。どのような事業をしているのか、どのような従業員がどのような仕事をしているのかを知って、産業医業務をしたいものです。このような事業場や従業員のことを深く理解するためには時間が掛かりますが、時間とともに理解が深まり、より的を射た産業医としての仕事ができることになります。

1. 産業医としてスタートを切る

(1) かけがえのない存在として

産業医の仕事は「やりがいのある」仕事だと思います。健康管理の対象になる従業員の数は、産業医一人当たり50人から多ければ数千人に及び、とても多くの人たちの健康に関わることになります。従業員の生活や家庭のことまで考えれば、さらに範囲は広がります。

メンタルヘルスの問題などがクローズアップされて、「企業はロクなことをしない」とか「産業医が防波堤になり従業員を守る必要がある」などと思っている人もいるかもしれませんが、極めて一面的な見方です。例外もあると思いますが、多くの企業は従業員の健康を大切に考えています。事業場や従業員が産業医に求めることは、突き詰めて言えば「専門的な知識を生かして、従業員が生き生きと働くためのサポートをして欲しい」ということだと思います。

健康管理の対象となる従業員は、基本的に固定された対象です。したがって、産業医が積極的に取り組むことで、成果を感じやすいということになります。統計的に有意な成果を上げることは容易ではありませんが、打てば響く対象の健康管理を担うと考えておきましょう。事業場や従業員にとってかけがえのない存在になり得るのが産業医です。

現実にはいろいろな状況があり、理想とギャップがあるとしても、一歩一歩あるべき姿に近づけていける立場です。「やりがい」を見出せるように仕事をするという気持ちを持って、産業医としての一歩を踏み出してください。

⑵ 産業医契約を結んで

産業医業務を始める前に、専属産業医であれば、勤め先になる事業場と雇用契約（場合によっては嘱託雇用契約など）を結ぶことになります。嘱託産業医であれば、業務委託契約などを結ぶことになるのでしょう。契約の内容については、産業医業務を行う会社と直接または仲介者を通して話し合って決めることになります。

契約の内容をどのようにするのがよいかについて断定的なことは言えませんが、嘱託契約の場合は会社に出向く時間・回数がポイントになります。嘱託産業医契約に記載する業務内容は法令（労働安全衛生関係法令）の規定に沿った内容（毎月の産業医巡視の実施、安全衛生委員会への出席、労働基準監督署への報告書類等への確認など）を基本として、会社として特に依頼したいこと（健康診断後の保健指導などの事後措置、長時間勤務者面接、健康相談、各種教育など）が追加されることになります。契約を結ぶ前に基本内容以外をどのくらい期待されているかを確認しておくことといいでしょう。事業場に出向く時間・回数を決めずに、「その他労働安全衛生法に基づく産業医業務」などと業務内容で契約する方法もあるでしょう。このような契約にするときは、産業医として責任を持って事業場の健康管理を担う（時間帯にかかわらず必要なときは対応する）という気持ちを持っておくことが必要になります。病院勤務の契約の医師とは違いますので、こちらの方が産業医らしいという考え方もできます。

専属産業医の場合は、雇用契約であれば業務の内容は明記されないことが一般的で、社員になるとの自覚も必要になります。研究日の取扱いについては契約前によく相談しておく必要があります。

専属・嘱託を問わず、契約を結ぶ際には事業場の責任者と話をする機会があります。その時に期待の大きさや期待されていることを感じ取ることができます。それは従業員の健康への関心も反映していることとして受け止めたいと思います。

⑶　予断を持たずに

会社や事業場の概要についての情報を得てから産業医契約を締結することになると思いますが、契約の段階で会社や事業場の細部のことまで理解できることはありません。契約に際して接触した人も限定されていたはずです。事業場の風土や常識、従業員の考え方はさまざまです。事業場や従業員の健康に関する考え方を何が規定しているのか（どこから生まれてくるのか）については、産業医としての業務を始めてから気付くことになります。「会社というものは○○のようなものだ」「この会社は○○という特徴がある」などといった先入観を、業務開始前から持たない方が、事業場や従業員への理解が早く進みます。外部からの情報や噂だけで判断できません。予断を持たずに、それぞれの事業場によって「違いがある」との前提で業務を始めてみましょう。

⑷　組織の一員でもある

産業医は、事業場の安全衛生管理体制の中に位置付けられます。契約形態にかかわらず、事業場組織の一員になるということを意味します。他の従業員と違って、選任直後であっても事業所長に意見を言ったり、勧告したりできる権限や衛生管理者への指導などが法令で規定されています。組織に大きな影響を与える立場です。法令の規定は別にしても、健康管理を含めた安全衛生管理の仕事は、関係する人たちをその気にさせて組織（事業場）を動かすことが求められる面があります。組織を動かすためには、組織を知ることが欠かせません。産業医の業務を始めるに当たって、事業場の事業や組織について、担当部門からしっかりと説明を受けておくことが大切です。

産業医研修会では、産業医は会社側と従業員側の中立的な立場が理想的という説明がよくされますが、会社としての常識や組織を知って初めて「中立」について的確に考えることができるのだと思います。産業医として間もないときは、気負いもあって、従業員側の立場に立ち過ぎて考えてしまうこともあるようです。実際には、このように対立的にものを考えることは、ほとんどないということも頭に入れておいた方がよいと思います。

⑸　顔合わせする

事業場で産業医の業務を始めることになったら、事業場関係者の執務している場所に出向いて顔合わせをしておきましょう。関係者が産業医のところに挨拶に来ればいいと考えるかもしれませんが、執務している場所に出向くことでわかることがあります。ある意味で、産業医巡視のようなもので、事業場のことを知る機会にもなります。必要なときに訪ね（尋ね）たり、話をしたり（場合によっては、助言·勧告）することも容易になり（ハードルが下がり）ます。

顔合わせする対象は、事業所長（副所長などの代理者も）、総括安全衛生管理者、安全管理者、衛生管理者、安全管理者や衛生管理者の所属長、人事担当責任者、労働組合長（従業員代表）、安全衛生委員会委員などになります。衛生管理者などに案内してもらってください。会議などで集団として顔合わせするのと違い、個別に顔合わせすると、距離が一気に縮まります。安全衛生委員会の開催を待つことなく「出向く」ことを勧めます。

医師は、「先生」として尊重されることに慣れています。また、臨床の場では、「待ち」の姿勢で患者との初対面を迎えますが、産業医の業務はアクティブであることが必要な面があります。産業医の仕事は、医師として尊重される存在でなければならないという面と、事業場関係者や従業員にとって身近な存在でなければならないという面があります。産業医の業務を円滑に進めるための振る舞い方だと考えておいてください。

(6) 健康管理スタッフと分担する

産業医が行うべき業務は、事業場のニーズや従業員の健康状態などから決まってきます。ただし、実際にできることは、スタッフの配置や健康管理の取り組みの到達レベルなどによっても変わってきます。産業医が「何をするのか」「何をしたいのか」を一人で考えて決めるのではなく、事業場の健康管理関係者と一緒に考え、役割分担をして実施していくことになります。

産業医が自ら実施しなければならないことは、法令上は限られています。事業場の健康管理に関する統括管理業務と言ってもいいでしょう。過重労働対策やストレスチェック関連の面接、健康診断などは、産業医が行っていることが多いと思いますが、法令上は「医師」が行うことになっています。また、健康診断後の保健指導は保健師が実施できることになっていますし、ストレスチェック（心理的な負担の程度を把握するための検査）の実施は保健師などができることになっています。事業場の体制を確認して、健康管理スタッフと役割分担して、効率的でかつ実効が上がるように工夫することが必要です。健康管理スタッフとの連携については、「Ⅳ－3．コメディカルスタッフとともに」も参照してください。

⑺　非常勤であっても

非常勤の嘱託産業医の場合は、時間に制約があることが多いと思います。事業場訪問時には、少なくとも産業医巡視をし、衛生委員会に出席することが必要で、これらの業務に多くの時間が取られてしまうことも少なくありません。

嘱託産業医は、法令の規定に沿った業務と「事業場から求められることをする」という受け身の発想になりがちだと思いますが、処理型の業務ではなく、立場を最大限に活かして事業場や従業員の健康に資する業務に取り組みたいものです。保健師などの健康管理スタッフがいる事業場やしっかりした健康管理担当（衛生管理者など）がいる事業場では、たとえ産業医が事業場にいる時間が短くても、充実した健康管理業務を行うことができることが多いと思いますが、その一方で、健康管理に関しては産業医に丸投げといった事業場もあるかもしれません。事業場の体制や考え方の差は大きいですが、腰を据えて取り組めば、必ずいい方向に向かって変わっていくものです。
嘱託産業医の場合は、自ら希望してというよりも、何らかの依頼（例えば、医師会など）があって引き受けることが多く、積極的な姿勢を前面に出しにくいこともあるかもしれません。そのため、達成感もなく、不満足な気持ちだけが大きくなって「契約を打ち切りたい」ということになっていることもあるようです。いろいろあっても、とにかく事業場関係者と課題を共有するための意見交換の時間を持つようにすることが必要です。事業場を知り、事業場の関係者を知って、一歩ずつ前に進めていくようにしたいと思います。

⑻ ありがたい存在？

産業医は、事業場にとって「ありがたい存在」でしょうか。診療では患者が「治療を受けたい」と思って受診しますので、多くの場合、医師は「ありがたい存在」になっているはずです。産業医の場合は、そうはいきません。「法令があるからやむを得ず」産業医を選任して、「何も言わずに印鑑だけ押してくれればありがたい」というケースもあるかもしれません。その一方で、事業場にとっても従業員にとっても欠かせない存在として活躍している産業医もたくさんいます。「ありがたい存在」です。「事業場関係者の気に入られることが大切」ということではなく、信頼され頼りにされるという意味で「ありがたい存在」になりたいものです。

法令に規定されている産業医の職務など（主な事項）

1. 事業者が産業医に行わせなければならない業務＝次の事項で医学に関する専門的知識を必要とするもの（労働安全衛生法第13条第1項、労働安全衛生規則第14条）

① 健康診断の実施及びその結果に基づく労働者の健康を保持するための措置

② 長時間労働者の面接及び措置（法第66条の8第1項及び第66条の8の2第1項に規定する面接指導並びに法第66条の9に規定する必要な措置の実施並びにこれらの結果に基づく労働者の健康を保持するための措置に関すること）

③ ストレスチェックの実施及び措置（法第66条の10第1項に規定する心理的な負担の程度を把握するための検査の実施並びに同条第3項に規定する面接指導の実施及びその結果に基づく労働者の健康を保持するための措置に関すること）

④ 作業環境の維持管理

⑤ 作業の管理

⑥ 前各号に掲げるもののほか、労働者の健康管理

⑦ 健康教育、健康相談その他労働者の健康の保持増進を図るための措置

⑧ 衛生教育

⑨ 労働者の健康障害の原因の調査及び再発防止のための措置

2. 事業者などへの勧告（労働安全衛生法第13条第5項、労働安全衛生規則第14条第3項、第14条の3）

① 産業医は、労働者の健康を確保するため必要があると認めるときは、事業者に対し、労働者の健康管理等について必要な勧告をすることができる。この場合において、事業者は、当該勧告を尊重しなければならない。

② 産業医は、則第14条第1項各号に掲げる事項（「1」の産業医の職務）について、総括安全衛生管理者に対して勧告し、又は衛生管理者に対して指導し、若しくは助言することができる。

③ 産業医は、法第13条第5項（「2. ①」）の勧告をしようとすると

きは、予め、当該勧告の内容について、事業者の意見を求めるものとする。

3. 産業医の誠実職務履行義務（労働安全衛生法第13条第3項、労働安全衛生規則第14条第7項）

① 産業医は、労働者の健康管理等を行うのに必要な医学に関する知識に基づいて、誠実にその職務を行わなければならない。

② 産業医は、労働者の健康管理等を行うために必要な医学に関する知識及び能力の維持向上に努めなければならない。

4. 産業医の定期巡視及び権限の付与（労働安全衛生規則第14条の4、第15条）

① 産業医は、少なくとも毎月1回（産業医が、事業者から、毎月1回以上、次に掲げる情報（省略）の提供を受けている場合であって、事業者の同意を得ているときは、少なくとも2月に1回）作業場等を巡視し、作業方法又は衛生状態に有害のおそれがあるときは、直ちに、労働者の健康障害を防止するため必要な措置を講じなければならない。

② 事業者は、産業医に対し、則第14条第1項に規定する事項（「1」）をなし得る権限を与えなければならない。

2. 企業等で仕事をすること

産業医になれば会社に所属するか、会社と契約を結んで、その事業場で産業医として仕事をすることになります。事業場にもよりますが、健康管理部門として単独の組織（例えば健康管理センター）になっているところもあれば、健康管理スタッフが人事部門や安全衛生部門に所属していることもあります。特定の組織に属さず、事業場産業医という位置付けになっている事業場もあります。いずれにしろ医療機関とは大きく異なった世界になりますが、一般社会では事業場組織の方が普通でしょう。会社というものを知り、馴染んでいくことが、産業医の業務をするために必要です。「産業」医なのですから。

(1) 会社を知る

社名からどんなことをしている会社か想像できることがありますが、まったく想像がつかない場合もあります。社名とはかけ離れた事業が中心となっているケースもあります。

会社内には部、課、室などの単位で名称があり、その名称から概ねその部署がどのような業務を行っているのかが予想できます。部署名は企業によって違いがあります。役職名（部長、課長、など）は比較的わかりやすいのですが、職位名（参事、参与、主査など）が役職名として使われている会社もあって、最初は混乱するかもしれませんが、産業医の仕事は事業場の組織に関わる仕事ですから、これを知っておくことは重要です。産業医になってから覚えていくことになります。少し大げさですが、会社を知ることは解剖学や生理学などの基礎医学のようなものです。

健康管理に関わる用語も医療の世界と微妙に違うことがあります。健康診断、ストレスチェック、個別面接などはある意味での検査であり、事後措置、安全衛生委員会報告、産業医巡視報告書などはいわゆる治療に相当すると考えてもいいと思います。産業医の業務は、医療と同じで基礎医学についてのしっかりとした知識が前提で、検査や治療に位置付けられることを的確に行うことになります。

産業医の所属する部門はさまざまですが、それぞれに長所短所があると思います。長所短所について論じていてもあまり意味がありませんし、ましてや不満に結び付けるようなことは避けたいと思います。長所は活かし、短所は補うということに尽きます。なお、所属する部門の長が産業医（医師）ではないということが大半だと思いますので、場合によっては、部門の長と共通言語がほとんどないと感じられる状況から始まることもあるでしょう。所属する部門の長を強力なサポーターにしていくという意識が必要です。

(2) 会社風土

会社風土は、会社の歴史のなかででき上がってきたものであり、簡単に変わるものではありません。産業医としては、会社風土の良い悪いではなく、その特徴を踏まえて業務をうまく進めることが必要だと思います。同じ健康管理施策をするにしても会社によって進め方が異なってくることは当然です。どんなに経験を積んだ産業医であっても、会社を変われば、うまく業務を進めるのが困難になることがあります。会社の風土、言い換えると会社の中での常識や従業員のものの考え方などを早い段階で感じ取っておくことが必要です。会社の風土が自分に合わないと簡単に見切りをつけるようなことは、従業員の健康を担う産業医としては適当ではないでしょう。

⑶ 会社の変化への対応

業績が好調という会社ばかりではありませんし、業績はさまざまな要因で変動するものです。従業員がいる限り実施しなければならない健康管理は不変なものですが、会社の経営状況に大きく影響を受けることもあります。会社が存続しなければ、従業員の生活も成り立ちません。経営状態が悪くなれば、関係する組織の変更、業務内容の見直し、健康管理スタッフの欠員補充見送りなどもあって当たり前と考えておきましょう。逆に良好な経営状態が続けば、健康管理部門の強化や事業場の作業環境・就業環境の思い切った改善などが進めやすくなります。その時々に考えることになりますが、起こりうる会社の変化を予測して、健康管理部門のあり方を幅をもって考えておきたいと思います。

⑷ ルールに従う

会社それぞれに仕事の進め方のルールがあります。各部門が勝手に仕事をすることにはなりません。健康管理に関わる仕事でも同じです。会社という組織の中で仕事をするという意識が欠かせません。特に、人（従業員）の管理、物の管理（購入から廃却まで)、文書や情報の管理、仕組み（規程、決裁手続きなど）の基本は産業医としても押さえておきたいと思います。

なお、健康管理部門でも、業務の仕組みを文書として標準化しておくことがとても重要です。事細かに決める必要はありませんが、基本は整理しておきたいと思います。担当者間のあうんの呼吸で進めるという仕事のやり方があれば変えていく必要があります。

(5) 関連会社・協力会社への関わり方

事業場構内あるいは近隣にある関連会社（資本関係のある会社）や協力会社（請負会社）については、同じ事業に関わるパートナー企業になります。その従業員には健康管理部門としては分け隔てなく対応したいと思いますが、経営（者）の異なる会社で、それぞれ独立した組織であって、安全衛生管理の責任の所在も異なることを忘れないようにすることも大切です。

関連会社や協力会社の産業医を兼務することもあると思います。親会社（産業医として最初に契約を結ぶ会社・事業場）とは違う組織で限界（やっていいこととといけないこと）があることを認識した上で、これらの会社の従業員の健康管理にも目を向けたいと思います。産業医の立場では、それぞれの会社を知ることができ、貴重な経験にもなります。事業場（親会社）の健康管理に活かせることもあるでしょう。このようにできるだけ一体となった健康管理ができればいいと思いますが、関わり方は産業医が決めるのではなく、事業場の方針に沿うことになります。

3. 事業場の安全衛生管理

事業場がどのように安全衛生管理（健康管理を含め）を進めているのかを理解するために基本となることについて取り上げます。法令に規定されていることにとどまらず、さまざまな取り組みが行われているはずです。細部は事業場によって異なるところがありますので、事業場関係者から説明を受けてください。

(1) 安全衛生方針と安全衛生計画

事業場の安全衛生管理の考え方を、社長や事業所長の安全衛生方針として社内外（事業場内外）に示していることが多いと思います。健康管理も安全衛生管理の一環ですから、どのような安全衛生方針が制定されて、実際の安全衛生管理の業務に活かされているのか確認してみましょう。掲示されたり、社内システム（イントラネット）や会社のホームページに掲載されたりしているはずです。健康経営を標榜して、その方針を掲げている事業場もあると思います。

また、事業場では、毎年（あるいは毎年度）安全衛生計画を作成して、その計画に基づいて安全衛生管理が進められることが一般的です。このような安全衛生計画は、安全衛生委員会に付議されて決まることになり、産業医もこの計画の策定や計画に基づく安全衛生管理に関わることになります。確認しておいてください。新たな健康管理施策を行う際にもこの計画に織り込んで進めることが望ましいということになります。

⑵　規程・基準

一定の規模以上の事業場では、業務の進め方に関して事業場（あるいは会社）の規程や基準が作られています。業務の進め方にブレがないようにするためのもので、安全衛生管理に限らず、組織として業務を進めるための基本（より所）になるものです。

健康管理（健康診断、健康保持増進など）に関する規程や基準がある場合はまず目を通してみてください。「内容は適切か」「規程や基準が不足しているものはないか」という見方も必要でしょう。新たに制定や改訂が必要な場合は、衛生管理者などに相談してください。衛生管理者などに原案を作成してもらって、関係者で検討し、安全衛生委員会に付議し、事業場内（社内）決裁を経て制定・改正することになります。規程や基準は「誰を対象に作成しているか」によって、内容も書き方も変わります。いずれにしろ法令を丸写ししたような規程・基準はあまり必要ないのだろうと思います。従業員に理解してもらう必要がある規程や基準は、わかりやすさが大切です。理解されず役に立たないということがないようにしたいと思います。

ただし、規程や基準に基づく管理という考え方のない事業場では、このような取り組み方を導入するのは容易ではありませんし、小規模な事業場では必要がないということもあるでしょう。なお、どの事業場でも就業規則（労働基準法に基づいて制定されている）があり、産業医が深く関係する労働時間や勤務形態などについても規定されています。健康管理のことも規定されているはずですので、こちらも確認しておきましょう。

⑶　安全衛生管理組織

事業場の安全衛生組織は、事業所長（総括安全衛生管理者）、事業推進組織（各部門の安全衛生責任者としての管理・監督者）、スタッフとしての産業医、安全管理者、衛生管理者（衛生工学衛生管理者を含む）などの組織表の形でまとめるのが一般的です。法令で配置（選任）が求められている管理者が抜けのないように記載されているはずです。このような職制にあわせて、安全衛生委員会や部門安全衛生会議などの検討機関についても一緒に記載することが多いようです。協力会社組織や協力会社との協議組織について記載されている場合もあります。

このような組織は、前述のとおり、法令の規定を基本にしていて、対外的に（事業場外の人に見せるために）作っているという事業場もあるかもしれません。いずれにしろ、事業場の安全衛生管理を考える前提として知っておくべきことの一つになります。

⑷　予算

事業を行うためには、資金が必要です。事業場（会社）は、計画的に資金を運用（調達、支出）するために毎年あるいは半年・四半期毎に予算を策定します。健康管理も費用が掛かります（お金がいります）ので予算が必要です。

予算には区分があり、健康管理に関連する主要な予算を大きく分ければ、設備投資と経費になることが一般的です。一定規模以上の設備投資は、償却という形で、経理上の費用を当該の設備を使用できる期間（償却期間）内で分割して経理処理されることになりますが、支出は一括でということが少なくありません。経費は、例外はありますが、毎年の収支としてそのまま経理処理されることになります。また、大きな事業場では、それぞれの部門で所管する予算があります。例えば、人事部門で人件費、システム部門でシステム運営費、（外注）管理部門で外部への委託費など、事業場によってさまざまです。

健康診断に必要な費用（健康診断機関（健診機関）への支払いや健康診断機器・消耗品の購入など）、健康管理スタッフの体制の維持、健康保持増進活動費、出張旅費、学会参加費、専門誌などの購買費など、健康管理部門で必要な費用を所管部門を通して（所管部門の求めに応じて）予算化しておくことが必要です。産業医が自分で予算を立てることは少ないと思いますが、どのような予算が組まれているか、組み込む必要があるかを確認しておくことが必要です。

(5) 決裁

事業場で実施することは、決裁手続きを経て実施が決定されます。予算の支出を例に挙げれば、その金額の多寡などに応じて課長決裁、部長決裁、経理部課長協議、事業所長決裁、本社管理部門との協議、社長決裁などというように決裁者や協議先が決まっているはずです。

健康管理部門でも、例えば健康診断項目を変えるなどさまざまな事項に決裁が関係してきます。細部まで理解しておく必要はないでしょうが、どのようなことが決裁手続きの対象で、どの部門を協議先にし、誰が決裁者になるかの概要を把握しておくと、円滑な業務に繋がります。

予算や決裁という言葉は従業員との面接でもよく出てくるワードです。どのような仕組みなのかは知っておきたいところです。

(6) 安全衛生教育（「Ⅱ－5．安全衛生教育のすすめ方」参照）

従業員を雇い入れた時の安全衛生教育など、安全衛生管理についての教育の実施が法令で決められています。法令に基づく教育だけでなく、事業場として人材育成を進めていくためにさまざまな教育が、さまざまな形で行われているはずです。階層別教育が代表です。

それぞれの教育で安全衛生管理がどのように織り込まれているかを確認しておくといいと思います。安全衛生管理についての科目があっても、健康管理については織り込まれていないということがあるかもしれません。教育は人材育成という直接的な目的の下に行われることが多いのですが、教育を通して事業場風土が醸成されるという面もあります。実効の上がる健康管理を進めようとする場合に、教育を通して健康管理に前向きな風土を作っていくことも必要でしょう。どのような教育が行われているのか確認してみてください。場合によっては、教室の後ろで聴講することもできるはずです（嫌がられる可能性もありますが）。産業医として講師をしなければと思うことが見つかるかもしれません。

(7) 安全衛生活動

「安全衛生管理は事業者が実施する」ことが法令の基本的考え方ですが、「管理」ではなく、職場の「活動」として安全衛生管理が支えられていることもあります。安全衛生活動が活発な事業場であれば、安全衛生担当部門から安全衛生活動について説明を聞いておくと、産業医巡視のときなどに参考になります。健康管理に関することも安全衛生活動に取り入れられていることもあるでしょう。

安全衛生活動は、強制感が強過ぎると、従業員が取り組む意義を感じにくくなって形骸化してしまうことがあります。このような場合は、活動を修正したり、中止することが適当な場合もあることを知っておいてください。

Ⅱ

基本的職務について考える

1. 安全衛生委員会に臨む

産業医が安全衛生委員会の委員になることが法令で決まっていることは、周知のとおりです。この章では、産業医としてこの委員会にどのような考え方で臨めばいいのかについて考えてみます。

(1) 安全衛生委員会のスタイル

衛生委員会と安全委員会を別々に設置している事業場もありますし、安全衛生委員会としている事業場も少なくありません。業種・事業場規模によっては衛生委員会だけを設置している場合もあります。それぞれの委員会の持ち方も、事業場によってさまざまです。

規模が大きい事業場（特に製造業）では、安全衛生委員会への出席者が大人数になって、実質的な議論が行われないといったケースもあると思います。このような場合は、安全衛生委員会の関係組織として別の会議（安全衛生専門委員会、安全衛生管理者会議など名称はさまざま）が設けられて、実質的な調査や審議がこの場で行われているということもあります。関係組織（下部組織）として部門別に会議が持たれているような事業場もあるでしょう。また、安全衛生委員会に向けて実質的な議論をするための会議（準備委員会、予備委員会、事前打ち合わせなど名称はさまざま）を設けている事業場もあります。

委員の一人として、安全衛生委員会の議題・報告事項などがどのようにして決定されているかを確認しておくことも必要です。

⑵　委員としての産業医

ア．委員の指名

安全衛生委員会の委員は、事業者が指名しますが、委員の半数については、労働組合（従業員代表）の推薦に基づいて指名されることになります。ただし、労働協約で定めがあるときは、協約に従うことになります。産業医が、労働組合（従業員代表）の推薦で委員に指名されることも理屈上はありうるということになります。どのような形で指名されるにしろ、産業医は必ず委員に指名されることになります。

産業医が複数選任されている事業場は、産業医間で役割を分担する（例えば、安全衛生委員会の委員を特定の産業医に決める）という考え方もありますが、事業場の安全衛生部門とよく相談して対応を決めてください。ただし、総括安全衛生管理者や労働組合代表（従業員代表）が出席する安全衛生委員会にはできるだけ出席したいものです。委員として出なくても、オブザーバーでも構いませんし、事務局としてでも構いません。安全衛生委員会は、事業場の安全衛生管理のキーパーソンがどのような発言をするのか、どのような議論がされているのかを直に知る（感じられる）機会にもなります。

イ．出席義務の考え方

安全衛生委員会の委員となった産業医には、安全衛生委員会への出席の義務があるかといえば、正確には、「委員である限り出席の義務がある」と言っていいでしょう。欠席してはいけないのかといえば、やむを得ないときは欠席しても構いませんが、委員としての義務は果たすようにすべきだということになります。この点はほかの委員と同じですが、産業医という立場の委員は産業医だけですから、ほかの委員と同じと考えるべきではないと思います。

なお、安全衛生委員会で安全の問題が議題になっているときに、産業医は安全衛生委員会の席を外してもいいかといえば、そのような対応が望ましくないことは明らかです。委員会が安全衛生委員会として開催されているのであれば、産業医は衛生委員会の委員ではなく、安全衛生委員会の委員です。安全衛生委員会に出席して、委員として事業場の安全管理に関しても議論に加わることになります（(4)エ参照）。

(3) 委員会の議論の記録

過去の安全衛生委員会の資料や議事録に目を通してみてください。議事録は少なくとも3年間保管されています。過去のことというよりも、現在につながる事業場の取り組みの経緯を知ることになります。議事録だけで理解できないことがあれば、事務局（安全衛生部門など）に聞いてみましょう。

産業医として出席した安全衛生委員会の議事録はその都度確認するようにしてください。議事録は、事業場内で公開され、多くの従業員が目にすることになります。委員会での検討・議論が事業場内でどのように伝わるかを知っておくことが必要です。議事録を見て、委員会での発言の広がりを知ることにもなります。もし、出席した委員会での発言内容が誤解されたりして議事録が意図しない内容になっていれば、修正を事務局に依頼することが必要でしょう。議事録として確定する（公開される）前に確認できるようにしたいものです。

⑷　議論に加わる

　事業場によって考え方は違いますが、法令上の安全衛生委員会は「決定する場」ではなく、「調査審議し、事業者に対し意見を出す」場です。労使協議の場でもありません。法令の規定にそんなにこだわる必要はないですが、頭に入れておきましょう。委員会の運営は、委員会が決めることになっています。

ア．実質的な議論の場

　実質的な議論や検討が、安全衛生委員会以外の場で行われ、その場で安全衛生管理関係者が積極的な議論を行っているということもあるでしょう。そのような場があれば、産業医として積極的に関わりたいと思います。産業医として事業場や従業員の安全と健康に関わるためには、当然の対応になります。事業場の安全衛生部門と相談して積極的に対応したいと思います。なお、委員会などの会議の場での意見交換は大切ですが、日頃からの関係者間のコミュニケーションも重要です。安全衛生委員会に限らず、アクティブに事業場の安全衛生水準向上に向けて行動したいものです。

イ．委員会での謙虚な発言

　産業医になってからの期間が短く事業場の様子が十分にわかっていない段階から、委員会で意見を言うのは難しいことがありますし、抵抗があると思います。意見を言うということではなく、疑問に思うことは、「これはどういう意味でしょうか」といった発言の仕方もあります。常に指導的な発言でなければならないということはありません。また、他の委員から質問されてわからないこともあったり、判断を求められて戸惑うこともあるかもしれません。「今わからないので、調べて後でお伝えします」「この場では判断しかねますので、もう少し調べてみます」とか「次回の委員会で説明します」などという対応も、あいまいな答えをするよりも産業医としての信頼を高めることになるでしょう。

ウ．産業医らしく

産業医の発言は、変に事業場の責任者に媚びたり、従業員代表（労働組合）のような発言をするのではなく、客観的で中立的な発言になることが望ましいということになります。法令の規定を持ち出して法の番人や正義の味方であるかのような発言をする産業医もいるようですが、出席者がどのように受け止めるかは想像に難くないと思います。事業場をより良くしていく、事業場で働く従業員がより健康になることが事業場にとっても有益だという前向きな気持ち・考え方で発言すれば、出席委員にも受け入れられ、事業場をよりよい方向にもっていくことにつながるはずです。

安全衛生委員会に限らず、場違いな発言は、どのような会議であっても受け入れられることは少ないでしょう。自分自身では気付かないこともありますので、委員会の後で衛生管理者などに印象を聞いてみると、参考になることがあります。出席者（委員）の気持ちを掴み、出席者が発言内容を理解して活かせるようにしなければ発言の意味も薄れてしまいます。

なお、労使が緊張関係にある事業場もあるかもしれません。このような事業場では、産業医としては、「どちらの側に立つ」などという発想を持たずに、「従業員の健康は、事業場の発展に結び付く」という確信をもって、産業医の立場で発言することがいいのだろうと思います。

エ．安全の議論にも加わる

安全衛生委員会は、法令で規定された付議事項を意識した運営がされますが、現業系の業務が多い事業場では安全に関する議題が多くなる場合もあり、安全の問題は、日々の仕事の中で発生しますし、誰にでもわかりやすいといった面があります。ケガといったインパクトのある事態に関わる内容のため、多くの委員が議論に参加しやすいということもあると思います。前述のとおり産業医としても、気付くことや意見があれば積極的に発言することになります。

オ．健康管理を議題に

健康管理を含めた衛生関連の議題は、直ぐに改善すべきことが少ないためか、または課題対応の仕組みがうまく機能していないのかなど原因は定かではありませんが、安全管理に比べて優先順位が低くなってしまっていることがあります。現業業務のない事業場の安全衛生委員会では、「付議すべきことがない」などと困っている事業場もあります。定例報告を早々に済ませて、「それでは産業医の先生お願いします」ということになったり、事務局しか発言しないという委員会もあるかもしれません。このような場合は、産業医や健康管理スタッフからの議題提供の機会が増えていると考えることもできます。

このようなケースも含めて、産業医や健康管理部門としての活動を伝える場としても安全衛生委員会を活用してください。わかりやすい言葉やデータを使ったり、簡潔な資料を準備して、できるだけ情報発信をしていきたいと思います。健康に関する時事情報、世の中の動向、法令や学会などのガイドラインの受け止め方、事業場の健康課題などが対象になるでしょう。産業医の発言が、他の委員の刺激になり、事業場の健康管理への関心を高めることにつながるようにしていきたいものです。

なお、産業医にとって当たり前のことでも、他の委員や事業場にとって過度に刺激的な発言になってしまう懸念もあります。このようなときは、事前に衛生管理者や委員会事務局などに発言の仕方について相談しておく方が無難でしょう。婉曲な表現で発言することになったとしても、「言うべきことは言う」ことも必要です。

(5) 情報提供の場として

ア．情報提供の時間を設ける

安全衛生委員会は、法令上は調査審議する場ですが、法令に規定されている以上のことを議題にしても構いません。その代表的なことが、健康管理情報などの提供になります。情報提供は、安全衛生委員会の委員に対してという面と、安全衛生委員会の場を通して全従業員に向けてという面があります。毎回あるいは定期の情報提供にすれば、情報提供（啓発）の成果は大きいでしょう。事業場の健康文化を醸成することにもつながっていきます。産業医としては得意な部分だと思いますし、ニーズも高いと思います。

イ．面白い内容で

情報提供の内容ですが、簡単に言えば、面白くない内容はやめた方がいいでしょう。面白いとは「笑える」という意味ではなく、情報を得る人に「気付きがある」、それも「自分たちに関わりのある気付きがある」という意味です。いくら正しいことを伝えようとしても、情報を得る側が「無関係のこと」と判断するようなことは、情報を得ても記憶に残りませんし、ましてや事業場（職場）で活かすことにつながりません。情報を得る人たちが「なるほど」と思わず声を出したり、頷きたくなることを目指したいと思います。

どうしたら「面白い」情報提供ができるようになるのかといえば、これは産業医でなくても難しいのですが、聞いている側の関心がありそうなことを入り口にする、意外性のあることを織り込む、誰もがわかっていながらできないことを取り上げる、多少自虐的なエピソードを織り込むなどというのはどうでしょうか。

少なくとも、お説教に聞こえる話や、やたらに専門用語（医学用語）を並べての話は、あまり浸透していかないように思います。

ウ．事例を取り入れる

一般的に、具体的な事例は、聞く側に身近な問題として受け入れられやすいでしょう。ただし、事例が興味を引くことだけに終わらないようにすることも必要です。事例から、共通的な教訓に結び付けて、事業場（職場）での健康管理に結び付けると、産業医らしい発言になると考えておいてください。教科書的な内容にとどまらずに、当該事業場の現状や独自の対策案などがあれば理想だと思います。

≪一年間の健康管理情報テーマ例と織り込むと面白いネタの例≫

1月：インフルエンザ；ウイルスとは、ウイルスの変異、世界の大流行、ウイルスの生存時間、手洗いした後

2月：冬場の入浴；世界の入浴習慣、入浴の意味、不慮の事故死の比率、湯温と血圧、入浴中の生理的変化

3月：花粉症；花粉症治療の最前線、世界の花粉症、花粉症の原因物質の国内分布・室内分布

4月：メンタルヘルス；新入社員要注目、職場での練習（注意する、聞く、指導する‥）、新入社員の育った時代

5月：体力測定結果；体力と健康、体力と寿命、世界の体力測定比較、体力測定の歴史的推移と意義

6月：食中毒；会社の食堂の衛生管理、冷蔵庫・冷凍庫の限界、日本の集団食中毒、食中毒原因・毒性ランキング

7月：熱中症；世界の熱中症、死亡事例と発症経過、WBGTの限界、体温の変化、熱中症の歴史、食事との関係

8月：ストレスチェック結果；ストレスと能率、調査のバイアス、職場改善事例、チェックを楽しむ方法

9月：健康診断関連情報；正常値の歴史的推移、健康状態改善に結び付いた例、健診の限界、健診前だけの努力

10月：運動習慣；運動習慣と健康、頻度・強度と効果、運動量の歴史的変化、飲酒と運動、運動習慣あれこれ

11月：インフルエンザ予防接種；ウイルスとの闘い、予防接種の限界、ワクチン製造法、体内でのウイルス増加

12月：睡眠；睡眠の疫学、時差解消パターン、自分でできる最適睡眠探索法、睡眠の過不足判断法

2. 現場を見る目（産業医巡視）

産業医の業務といえば、まず「産業医巡視」が頭に浮かびます。法令で規定された産業医自身の義務ですが、「巡視なんかしたくない」と思っている産業医も少なくないのではないでしょうか。産業医巡視を意味のあるものとし、ハードルを下げるための工夫について考えてみたいと思います。

(1) 巡視とは何？

ア．巡視という言葉のイメージ

産業医巡視の最後に「先生ご講評を」などと言われることはないでしょうか。巡視というと、現場を見て、何か不適切な状態を見付けて「指摘する」ということを想像すると思います。法令で決まっている用語ですが、「指摘する人、される人」といった印象が強く、すべての従業員と共に安全衛生水準や健康管理水準を上げていこうとするのであれば、あまり適切な言葉だとは思えません。「巡視」と銘打たなくても、実態として毎月（場合によっては2か月に1回）職場に出向いて、不適切な状況があれば改善に結び付けると考えておきましょう。「産業医職場訪問」という名称にしても問題ありません。「巡視」という名称に抵抗がある場合は、事業場の関係者と相談してみてください。

イ．直ちに措置する？

法令では、「産業医は、…作業場等を巡視し、作業方法又は衛生状態に有害のおそれがあるときは、直ちに…必要な措置を講じなければならない」と規定され、この権限を事業者が産業医に与えなければならないとされています。ただし、毎回の巡視でこのような「直ちに措置を講じなければならない」場面が見つかるような作業場等は多くありません。また、「直ちに講じる措置」は、「今すぐに設備を変える」などということを意味しません。設備面の対策が必要だとしても時間が掛かることも多く、保護具などで当面の対応をせざるを得ないこともあります。現実的かつ速やかにと考えることになります。

なお、産業医巡視は「法令違反を指摘する巡視」ではなく、「作業方法又は衛生状態に有害のおそれ」について判断することになりますので、「法令違反でなければよし」ということではありません。

余談ですが、労働安全衛生法制定前に安全衛生管理について規定していた労働基準法の解釈通達（昭和33年基発第906号）では、「作業場等を巡視するとは、すべての作業場及び休憩所、食堂、炊事場、便所等の保健施設を巡視することをいう」となっていますが、当時の状況を反映した解釈だと思います。

ウ．柔軟に

このようなことを前提に、巡視をもう少し柔軟に考えたいと思います。巡視する場所（法令では「作業場等」）は、いわゆる現業職場（製造現場や建設現場など）だけに絞る必要はありません。事務作業を行う場所も従業員の働く場所ですから作業場です。診療所がある事業場では、診療所も作業場で産業医巡視の対象です。「気楽に」と言ったら語弊がありますが、巡視は、従業員が働いている場所を知り、どのような仕事をしているのかを知る機会と考えればいいでしょう。もちろん、従業員の健康状態に甚大な影響が及ぶと判断した場合は、作業の変更などを求めることも必要です。

現在の産業医巡視は、「産業医の役割を発揮するために設けられた実態把握の機会」でもあると理解しておきましょう。

<エピソードS>　産業医巡視の経験を積んで

産業医になりたての頃には巡視報告書がなかなか書けず、関係の本を調べても見本となる内容のものも手に入らずに、産業医巡視が前向きに取り組めない業務になっていたことが思い出されます。その後、長い期間はかかりましたが、試行錯誤を経て、職場を見る目（職場巡視の視点）ができたように思います。

産業医仲間でよく言われていることで、産業医巡視のときには、「2つまたは3つ褒めて1つ指摘するくらいが良い」ということがあります。ただし、「褒める、指摘する」にはそれなりの見識が必要です。毎回「整理整頓がよくできている」といったコメントでは言う方もつらくなります。そのためにチェックリストを基に産業医巡視を行うようなこともやってみました。今は業種別や業務別のチェックリストが多く出版されているのですが、自分の産業医巡視でそのまま使用できたものはほとんどありませんでした。また、使いづらいチェックリストを埋めるために巡視しているようになり、段々と面白みも感じられなくなります。産業医を続けていくと、何十回も産業医巡視をすることになります。産業医巡視に関する法令の規定はありますが、もう少し肩の力を抜いて産業医巡視に取り組んでも良いのだろうと思います。産業医巡視はどのようにするのが一番いいのかは何年たっても悩ましいところです。

⑵　巡視前に準備する

ア．予め巡視先のことを調べる

「有害のおそれ」を見出すためには準備が必要です。巡視を受け入れる側（職場）は、それなりの準備をして対応することが多く、産業医もできる範囲で準備をしてから巡視に臨みたいものです。産業医巡視の前に、事業場（職場）のレイアウト図や作業の流れなどがわかる作業工程表のようなもの、巡視先の職場の一般定期健康診断や特殊健康診断の結果、作業環境測定結果などの資料を確認しておくことが望まれます。担当者に頼んで入手しておくといいでしょう。資料の確認にこだわる必要はありませんが、限られた時間での巡視ですから、できるだけ密度の濃い巡視にしたいものです。

慣れないうちは、これらの資料に目を通すために時間がかかりますが、経験を積み重ねることで、短時間でできるようになります。巡視当日に巡視先に行ってから、レイアウト図などをもらって説明を受けることがあると思いますが、できれば事前に職場の情報を得て、可能な範囲で課題について考えてから巡視に臨みたいものです。事前準備の習慣が身に付けば、それほど負担も感じません。

イ．チェックリストの使い方

前述の＜エピソードＳ＞で否定的な書き方をしましたが、健康阻害要因を見つけるという点で考えるとチェックリストを活用することも有用な場合があります。活用できるチェックリストも多数公開されていますので、一度、確認して使ってみるのもいいと思います。ただし、チェックすることに注力し過ぎるために、実際に従業員が働いている様子を見ることがおろそかになる可能性がありますので注意が必要です。また、同行者や受け入れ先の職場の管理監督者からは良い印象を持たれない可能性もあります。

⑶　巡視の方法

巡視する場所が一定のエリアに限られている場合と、建設業や運輸業のように作業場所・就業場所が一定しない場合とでは、巡視の方法は異なります。従業員が就業している姿を確認できるような巡視先となっていることが必要です。

巡視するルートは、事業場（衛生管理者など）に任せることが多いと思いますが、可能であれば仕事の流れ（例えば製造工程）に沿ったルートで巡視ができるといいでしょう。職場の状況を理解しやすくなると思いますので、希望してみましょう。

事務作業（オフィス）の巡視では、フロアー（建物）ごとの巡視になることが多いと思います。広いフロアーで多くの従業員が仕事をしている場合は、1つの部門（部や課など）を対象にしたり、複数の部門をまとめて巡視することになります。

現業の作業でも事務作業でも同じですが、「ここは○○部門で△△の業務を行っています」という説明があった場合は、隣接（前後）の部門との関連なども聞いてみると実際の作業の課題をより深く理解できます。従業員がたくさんいるオフィスでは、連携を密にすることが必要なために、異なる部門が入り組んで配置されていることもあれば、単に場所が足りないために一緒にいるだけだったりといった背景にある事情にも気付くことができます。

巡視時の服装は、現業の業務のある事業場であれば、多くは作業服がありますので、それを着用して行います。作業服がない事業場でも、現場で働いている従業員が違和感を覚えるような格好で巡視するようなことをしてはいけません。巡視先によっては保護具の着用が必要になります。

＜参考＞　巡視を通しての気付きを深めるために

①　話を聞く

安全衛生に直接関係ないことを含めて現場で話を聞いてみてくださ

い。従業員の仕事に関心を示して話を聞くことは、従業員が産業医を身近に感じることにつながります。特に現場第一線の従業員が誇りを持って取り組んでいることは、熱心に説明してくれるはずです。このようなことに関心を持って聞くことが安全衛生面の向上の契機にもなっていきます。

管理監督者や現場第一線の従業員に声を掛けたときには、困っていることや大変な作業についても聞いてみてください。課題を解決していく姿勢があれば、いろいろと教えてくれたり、相談されたりして課題の解決にもつながります。

② 自分で測定器を使ってみる

作業環境の良否を判断するというよりも、現場の実態や環境の変化（変動）と影響の広がりを感じることができます。簡易に扱える測定器（騒音計、照度計、WBGT計、デジタル粉じん計等の簡易測定器、酸素濃度計、検知管式濃度計など）がいろいろとあります。作業環境を見る目も、測定結果報告書を見る目も変わるでしょう。スモークテスターは、気流の流れを目で確認することができるとても有用なもので、局所排気装置の性能確認はもとより、事務所などでの換気の状態などもわかります。衛生管理者などに相談してみてください。

③ やってみる

現業系の職場第一線の従業員は、仕事の仕方に慣れて、負荷の大きいことも「当たり前のこと」として受け入れていることがあります。

- 手にとってみる…保護具、工具、部品など
- 行ってみる…作業位置、点検・段取り替えの場所、設備の上・下・中・裏など
- やってみる…作業位置に立つ、座る、運ぶ、持つ、動かす、見え方の確認など
- 開けてみる…扉、保管庫、工具箱、カバーなど
- 着けてみる…保護具など

よく取り上げられる事例として、フォークリフトや大型車の運転席に座ると死角に気付くといったことがあります。「やってみる」ことは、現場を見る目を一段高めることになります。ただし、このような確認方

法が、ケガやトラブルにつながったり、現場第一線の人が嫌がることや迷惑になるようなことは避けなければなりません。現場第一線の従業員は「自分の仕事を理解しようとしてくれている」と好意的に受け止めてくれることが多いと思います。職場の従業員に声を掛けて「やってみて」ください。

④　想像力を発揮する

課題を見付けたり、現場の状態をより良くしたりするためには、空間・時間の広がりを持った想像力（感性ということもできるかもしれません）がいるでしょう。「想像すること」は「現場第一線の従業員がどのような状況の中で仕事をするのか（することになるのか）」を考えるということです。「痕跡から想像する」などのことも視点として重要です。例えば「粉じんが堆積したり、油で汚れたりしている」状態があれば、「なぜ汚れるのか」などといった見方をしてみましょう。「この設備はどうやって点検するのだろう」「サイズ替えのときにはどんな姿勢でするのだろう」「どんな工具を使って補修するのだろう」「この汚れ（堆積した粉じんや付着した汚れなども）はどうやって除去するのだろう」などと考えながら現場を見て、質問してみましょう。

⑤　仕事のしやすさの視点

意外に気付きにくいのが「仕事のしやすさ」や「見やすさ」の問題です。安全衛生管理の視点で重要なことの一つに、実際に仕事をする人の立場に立って考えるということがあります。「この姿勢であれば腕が動かしにくいな」とか、「反射する光で見にくそうだ」とかいう視点です。このような視点での質問やアドバイスは、現場第一線の従業員と産業医の距離をぐっと近づけ、健康管理に関する施策の実効性を高めることにつながります。事務所でも負荷の大きな状態で仕事をしている従業員がいるはずです。

⑥　見えないところに目を付ける

目に付きにくい場所や時間帯に危険な作業や負荷の大きい作業など安全衛生上の課題が残っている可能性はないでしょうか。主要な作業が行われる現場を見ることは欠かせませんが、「裏側」にも目を向けてみましょう。

⑦　転倒にも着目して

高年齢者の就業が増える中で、「転倒」による労働災害が大きなウェイトを占めています。つまずいたり、滑ったり、突起物に引っかかったりが原因になります。日常的に使用している作業床や通路の課題には気付きにくいものです。産業医の視点での気付くこともあると思います。

⑷　自分の記録として

産業医巡視の記録はどうするのでしょうか。産業医自身で「指摘事項や所見」を書いて、関係先がこれに対する「対応」を書き込んで記録とする、産業医巡視の担当者がすべての記録を作成する、など事業場によってさまざまでしょう。このような事業場としての記録だけでなく、自分のメモとして記録を作ることを勧めます。産業医日誌あるいは現場カルテなどのイメージです。巡視に限らず、現場第一線のマネジメントの状態に関して気付いたことを記録することもあってもいいでしょう。このような記録は、事業場や各職場の課題など（いい点も含めて）を浮き彫りにすることにつながり、産業医業務をより的確に行うことにつながります。事業場の中での時間が少ない非常勤の嘱託産業医には特にお勧めです。

<エピソードS>

産業医巡視の目的は、産業保健活動の結果を確認する場でもあります。しかし、初期の段階からそのような目的で巡視を行うことは無理があります。

私は、新任の後輩産業医に対して産業医巡視に関して次のような目標を目指すように伝えています。第一段階（概ね3か月後）は職場名を聞けば場所がわかる、第二段階（1年後）は職場名と仕事内容を聞いて従業員の仕事状況がイメージできる、という目標です。加えて、職場のレイアウト図に人員配置、関係する有害要因、特殊健康診断結果、作業環境測定結果などの情報をまとめたものを作成するように指導しています。見える化することで課題が確認でき、積極的に取り組んでくれています。

私が最初に勤務した事業場で、工場の設備レイアウト図に有害業務が書き込まれ、それとセットで有害業務（有害物質）管理台帳を見せられて説明を受けた時に、とてもわかりやすく感動したことがこの取り組みのきっかけです。

(5) 巡視の幅を広げる

産業医巡視は定期的に行うことが一般的ですが、それだけでは従業員の職場での状態を把握することはできません。例えば、通常操業時はオペレーター業務を担当していても、定期補修や突発トラブル対応などのときに、作業内容や作業負荷が大きく変わることもあります。産業医自身も定期的な巡視だけではマンネリ化していると感じるようなことがあるかもしれません。このようなことも踏まえて、さまざまな視点で幅を持たせた定期外の産業医巡視（現場確認）も考えてみたいと思います。このようなやり方は、産業医（または同行する衛生管理者など）への信頼がないと、受け入れる側が難色を示すこともあると思いますが、このような方法で現場確認ができれば、日頃の従業員の姿や作業の実態を知ることができ、一気に視野が広がります。

≪産業医巡視の幅を広げるために≫

・同じ有害業務がある職場の横断的巡視、作業環境測定結果及び特殊健康診断結果の確認巡視
・非定常作業（補修作業、段取り替え作業、トラブル処理作業など）の巡視
・最も○○な職場の巡視（騒音、暑熱、高所など）
・地下室、天井裏、倉庫、書庫など、点検や特別な用務がないと行かない場所の巡視
・操作室、休憩室、食事場所、厨房、給湯室、便所などに絞った巡視
・巡視時間帯を変えた巡視（夜勤帯、休憩時間、就業時間直後など）
など

⑹ 巡視を活かす

前述してきた通り、産業医巡視は「巡視」することだけが目的ではありません。産業医として必要な情報を得ることに加えて、巡視したときの気付きを事業場の安全衛生管理に活かすということも考えておきたいと思います。

巡視で気付いた問題が「なぜ起きているのか」ということを考えたり、事業場内の他の職場でも類似の問題が生じないようにすることも大切です。また、事業場の安全衛生管理に関する規程や基準、制度、教育などに課題があるといった可能性もあります。いわゆる「モグラたたき」で終わらせずに、事業場全体の安全衛生水準、健康管理水準を上げることにつなげたいと思います。産業医や健康管理部門だけで課題を解決できることもあれば、衛生管理者をはじめとして事業場の関係部門が対応する方が的確な対応ができることもあります。後者の場合は、課題が解決されるまで産業医としてフォ

ローを続けることも大切です。産業医巡視がその場限りのことで終わることがないようにしたいものです。

3. 健康診断の企画と運営

一言で健康診断といっても、企画運営から個々の従業員の就業上の措置や保健指導などまで幅広い業務があります。健康診断の実務を事業場の健康管理スタッフが実施するのか、外部の健診機関に委託するのかで、産業医の関わり方も大きく変わります。

(1) 健康診断への関わり方

ア．さまざまな関わり方

産業医の職務として「健康診断の実施及びその結果に基づく労働者の健康を保持するための措置に関すること」で「医学に関する専門的知識を必要とする」ことと法令で規定されていますが、実際に関わる範囲は事業場によって異なります。さらに「医学に関する専門的知識を必要とする」ことといっても、どこまでのことかよくわからないと思いますが、厳格に線引きしても意味がありません。

産業医が健康診断にどのように関わるかは、事業場の考え方、規模、健康診断の実施方法（健診機関の利用など）、健康管理スタッフ数、医師の数、産業医の専属・嘱託などによって違いがあります。産業医自身が医師としての診察を行い、健康診断の結果判定および「産業医としての判定」を行っている事業場もありますし、健康診断自体はすべて外部委託して、「産業医としての判定」のみを行っている場合もあります。

イ．産業医として適切な判定を行う

「産業医としての判定」は、法令に示された「その結果に基づく

労働者の健康を保持するための措置に関すること」という意味です。もっとも重要なことは、就業上の措置（就業制限など）になります。従業員の仕事の内容や職場環境を十分に知っているからこそ、産業医の職務になっていると受け止めてください。産業医になってすぐに、従業員の仕事や作業環境を理解する時間もない中で「産業医としての判定」を的確に行うことは難しい面がありますが、的確にできるように、努力することが求められます。

「産業医としての判定」は、従業員の数が多い大きな事業場では、多くの時間や労力を割くことになります。このため、健康診断の結果を従業員の健康保持増進に活かすことにまで十分関われていないということがあるようです。「産業医としての判定」以外のことは関係ないと割り切るのではなく、従業員の「健康を保持」するための活動に時間を割くために効率よく判定を行うことも考える必要があります。

⑵　健診機関の活用

ア．全体最適の視点で

健康診断に関して産業医がすべてに関わらなければならないということではありません。事業場によって必要なこと、求められることは異なりますが、はっきりしていることは、健康診断の企画と運営の全体のマネジメントに関わる必要があるということです。健診機関への委託の要否、委託の範囲について全体最適化という大きな視点で関わるべきでしょう。

健診機関の選択に当たっては、コスト（委託費）のこともありますが、トータルとして負荷や従業員にとっての良否を考えることも大切です。かえって産業医や事業場の健康管理スタッフの負担が増えて結果として効率が悪くなったり、従業員が健診結果に不信を抱くようなことにならないようにしたいものです。

イ．健診機関とのコミュニケーション

健診機関に健康診断の業務を全面委託する場合に気を付けたいこととして、健診機関によって問診内容、現病歴・既往歴の聞き取り精度、診察医の診察精度が異なることです。個人票、健診結果記録、報告様式なども異なります。このために産業医が「産業医としての判定」（就業区分判定など）と事後措置（保健指導など）を行うときに、スムーズに行えることもあれば、さまざまな問題があって判定作業に時間がかかることもあります。胸部エックス線検査や心電図検査などの結果表記も健診機関によって違いがあります。所見名と判定結果の不一致（異常陰影が要観察経過の判定となっているなど）などという事例もあります。このような気になる点については、健診機関との調整が必要です。健診機関も相当数の事業場を対象に健康診断を実施しており、それぞれの機関で積み上げてきた経験に基づいて作り上げてきた様式やシステムを使っていますので、簡単に産業医などの事業場側の意見を取り入れてくれないことが多いかもしれません。しかし、遠慮していては何も改善しません。産業医として健康診断に関しての意見を事業場（衛生管理者など）に伝えるとともに、健診機関との打合せに参加して意見を伝えるようにすることも大切です。

健康診断を主たる業務にしていない病院や開業医に健康診断を委託する場合は、コミュニケーションがより重要になります。

≪エピソードＳ≫

　常勤産業医として勤務しているときに、医師診察、胸部エックス線写真読影、心電図検査の判定などをすべて専属の産業医が行い、結果判定、産業医としての判定、事後措置も行っていました。定期健康診断だけで年間約8000人（その他、特定業務従事者健診や特殊健康診断も実施）を年間4期に分割して実施していたので、健康診断実施や事後措置に大半の時間を取られていたと思います。今は、過重労働対策やメンタルヘルス対策のウェイトが高くなっており、従来のような業務の仕方では無理があると思います。ただし、健康診断の実務に関わった経験が現在も非常に役立っていることも間違いありません。

⑶　定期健康診断以外の健康診断

ア．雇入れ時健康診断での既往歴などの確認

「雇入れ時の健康診断」は、言葉の通りに従業員を事業場で雇い入れた際に行う健康診断です。就労に当たっての業務上の配慮や注意が必要かの判断を行うことを主な目的としています。新卒の新入社員が対象の場合もあれば、就業経験のある人（中途入社など）の場合もあります。

　これらの人たちに関しては、事業場として健康管理に関する過去の情報がありませんので、雇入れ時健康診断では、現病歴、既往歴及び業務歴の聴取が非常に重要になります。既往歴はあくまでも就業において考慮すべき疾病などが対象になりますが、本人が既に完治していると考えている場合や現在は症状がない場合は話してくれないこともありますので、丁寧な聴取が必要です。最近積極的に雇用が進められている身体障害者と精神障害者の雇入れ時健康診断については、障害があることが前提での採用ですので、健康診断の前

に障害に関する情報を予め採用担当部門などから得ておくことが欠かせません。障害のことを自分では言いたくないという人もいますので、診察の聴取ですべてがわかるとも限りません。雇入れ時の健康診断を外部に委託している場合には「就業制限なし」という結果が出されることもあります。

≪エピソードS≫

私が雇入れ時健診の診察で聴取しておいてよかったと思った主な疾患の例を挙げます。経過観察が終わったものもあれば、現在進行形であったり、就業制限が必要なものなどさまざまです。はっきりしていることは、本人とじっくり会話をしておいてよかったということです。

先天性心疾患、小児期の腎疾患、加療を行った交通事故、内臓逆位、難病指定の疾患、心疾患にて心筋焼灼術を行った疾患（心房細動、WPW症候群、心室性頻拍など）、ICD（植え込み型除細動器）やペースメーカー留置など

イ．雇入れ時健康診断での業務歴の確認

業務歴の調査は、就業経験のある人に対して行うことになりますが、有害業務（特に粉じん、化学物質取扱い、騒音関係など）への従事については、ばく露レベルと従事期間の聴取は非常に重要です。産業医が自ら診察する場合も外部委託を行う場合も確実に情報が得られるようにしなければなりません。雇用の流動化が進むと、多くの職場を経験した人を対象に「雇入れ時の健康診断」を行うことになります。雇入れ時健康診断の中でも、特に特殊健康診断（行政通達に基づいて行う有害要因に関する健康診断の場合を含めて、以下同じ）として雇入れ時に行う健康診断は大きな意味を持ち、慎重な対応が求められます。

ウ．特定業務従事者健康診断

「特定業務従事者の健康診断」の対象者は法令で定められていますが、特殊健康診断の対象者と重なる場合があります。特定業務従事者健康診断と特殊健康診断を（できれば一般定期健康診断も）同時に行う仕組みを検討することが必要です。一般定期健康診断と特殊健康診断を全く別のタイミングで実施している事業場では、年間に何度も同じ人が健康診断を受診することになっています。できるだけ従業員の職場離脱の回数を減らす工夫が必要です。

また、特定業務従事者健康診断の対象者として最も多いと考えられる深夜業従事者は、常時深夜業に従事していなくても、一定の期間に深夜勤務に及んだ（残業が長引いた）日数が基準以上になった場合には特定業務従事者の健康診断の対象者になりますので注意が必要です。逆に、事業場の勤務管理システムで自動的に長時間勤務が多かった従業員が特定健康診断の対象者として抽出されている事業場もあるようです。このようなシステムがあると対象を確実に把握できる面はありますが、健康診断をしてさえいれば深夜に及ぶ長時間勤務をしてもいいとの誤解につながるおそれがあるので注意が必要です。

エ．海外派遣者の健康診断

「海外派遣者の健康診断」は、医師による検査の選択が法令で規定されている健康診断です。選択する検査としては、腹部画像検査、B型肝炎ウイルス検査、尿酸、便検査（帰国時）があります。派遣される国の医療事情にもよりますが、この機会に人間ドックの受診を薦めている会社も多いようです。このときに注意したいことは、人間ドックの場合は予約から結果返却まで時間を要することです。結果の確認を行ったときに、「要精密検査」「海外赴任不可」などという判断を行おうとしても本人は既に海外に赴任してしまっているということが起こらないようにしなければなりません。人間ドックを利用しない場合でも、赴任直前の健康診断では同じようなことが起きる可能性があります。事業場の関係部門と調整が必要です。

また、人間ドックを使う場合など、法令で規定されている項目に加えて行う検査結果の取扱い（個人情報の取扱い）について事業場としての対応を整理しておくことが必要です。海外派遣者の健康診断に限ったことではないのですが、事業場として法定外の検査結果を取得するかどうか、取得した場合はどのように使うのか、ということを考えておかなければなりません。このような対応は、事業場の規程や基準として定めておくといいでしょう。

オ．海外派遣者の予防接種

健康診断とは別ですが、海外赴任者のワクチン接種の問題があります。事業場の規程（赴任先の入国条件の場合も含む）による場合と本人の希望がある場合があると思います。いずれの場合でも免疫獲得までの時間を考慮しておかなければならず、人事部門などの関係部門が理解しておくようにすることが必要です。専門的に海外渡航者を対象にしている医療機関ではワクチンの種類が比較的揃っていて、待ち時間なく接種が可能な場合があり、活用するケースが増えているようです。事業場としてのリスク管理という観点では、事業場内診療所で中途半端な対応になることは避けた方が良さそうです。

カ．給食従事者の検便

「給食従事者の検便」は、事業に附属する食堂または炊事場における給食の業務に従事する従業員に対し、その雇入れの際または当該業務への配置替えの際に行う検便による健康診断が法令で決められています。これは1回限りの検査で、その時に感染症に罹患していないかの確認になります。従事後についての規定は労働安全衛生法では決まっていません。給食事業者は自主的に便検査を定期的に行っていることもありますが、検査時点での判定しかできません。

検便検査には限界がありますので、給食従事者は、手洗いなどの衛生管理基準の順守と下痢等の場合の速やかな医療機関の受診などが欠かせません。産業医としても、給食などに関わる厨房や食堂の衛生管理指導と、給食事業者とその従業員に対する教育などが的確に行われるようにすることが必要です。給食事業を委託している場合であっても、事業場従業員の健康に関わることと認識しておいてください。

キ．歯科医師による健康診断

「歯科医師による健康診断」に馴染みがない産業医もいると思いますが、酸取扱い業務従事者などが対象で、歯科医師による健康診断を6か月に1回実施することが法令で規定されています。歯牙酸蝕症に関わる検査で、特定化学物質のフッ化水素などを取り扱う場合の特殊健康診断の検査項目にもなっています。歯牙酸蝕症について有所見者が出た場合は、他の化学物質の取扱いの場合と同様に、作業環境や作業方法についての確認が必要になります。

⑷ 健康診断項目の省略と追加

ア．一般定期健康診断の項目の省略

一般定期健康診断での健康診断項目の省略について法令で定められています。一定の検査は、定められた年齢では医師の判断で省略してよいことになっています。特に血液検査と胸部エックス線検査について検討が必要になることが多いと思います。どちらの検査も、省略するかどうかの判断をいつ行うかということが問題になります。今年の結果で異常がない場合に、次年度の採血や胸部エックス線検査が不要と判断することは産業医としても医師としても容易にはできません。理想的には健康診断実施当日に前年の結果と問診で判断するという方法になると思いますが、運用上は容易ではありません。

血液検査については、長時間勤務に関する面接時の脳心臓血管疾患のリスク評価や若年者への生活習慣病の予防にも使用することがありますので、安易な一律の省略は難しいと思います。

胸部エックス線検査は、結核などの感染症対策として法定の健康診断項目に組み込まれたと思います。若年者の胸部の悪性疾患の発生は稀かもしれませんが、未だに結核も発生しており、その他の疾患や外傷なども見つかることありますので、この省略も安易に判断することは避けたいと思います。

イ．事業場独自の検査項目の追加

法令で規定された健康診断項目以外の追加項目の検査の実施は、個人情報保護の観点での対応が必要になります。検査結果は、基本的にはすべて個人からの承諾を得てから取得すべきものです。ただし、毎回本人の承諾を得て実施することは現実的ではないため、労働組合への説明や安全衛生委員会での了承を経て社内規程などに定めるといった対応が必要になると考えます。このような包括的承諾がある場合でも、本人からの申し出があれば、法令で定められた項目以外の検査を行わないということも周知しておく必要があります。人間ドックを定期健康診断の代わりに実施している場合に、結果をすべて事業場が取得していると同様な問題があると考えておく必要があります。

追加項目としてよく見受けられるのは、尿潜血、白血球数、血小板数、総ビリルビン、尿酸、尿素窒素、クレアチニン（行政通達で追加可能に）などでしょう。これらの検査は、臨床検査会社では医療機関用の検査セット項目に入っているものが多くなっていますので、追加項目との認識がない場合があり注意が必要です。

肝炎ウイルス検査などを採用している事業場もあると思います。厚生労働省も肝機能異常者の精密検査として実施することを推奨していることや個人にとっても有用性（適切な治療につながる）は高いと思われますが、個人情報であることに変わりはありません。

腫瘍マーカーなどを追加することがあるかもしれませんが、疑陽性などの問題もあり、慎重に検討すべきだと思います。健康診断項目の追加については、よく事業場内で議論して検討すべきですし、追加して実施することになった場合は、取扱いに十分注意することが欠かせません。

⑸　特殊健康診断の対象者

特殊健康診断（じん肺健康診断も含めて）は、有害要因へのばく露を前提に実施することになります。ばく露といっても幅があり、日常生活の中でも粉じんが存在し、誰もが吸い込んでいますが、じん肺健康診断の対象にはなりません。ばく露の程度、実際には量と時間（頻度）で健康診断の対象かどうかを判断することが多くなります。対象者の選定を産業医が行わなければならないということではありませんが、必要な対象者が漏れているとか、逆に本来実施対象でない従業員を対象に特殊健康診断をしないようにすることが必要です。対象者の選定にも産業医が関わるべきでしょう。

法令の条文では「○○の業務に常時従事する労働者」を対象に特殊健康診断や歯科医師による健康診断を実施することが求められていることが多くあります。この「常時」が何を指すのかは難しい判断です。現実には、当該の業務従事者の健康に影響を与える可能性がある状態かを判断して決めることが多いと思いますが、前述のとおり、この判断にも産業医が関わることが必要でしょう。

(6) 通達に基づく健康診断

法令で規定されてはいませんが、行政通達で実施が指導されている健康診断があります。この本の中では、特殊健康診断と同じ位置付けで取り上げていますが、法令で規定された特殊健康診断に準じる健康診断と言ってもいいでしょう。代表的なものに、騒音健康診断（一般健康診断の聴力検査とは別）、VDT（Visual Display Terminals）業務従事者健康診断、腰痛健康診断、振動工具取扱者健康診断などがあります。これらの健康診断を実施しなくても直ぐに法違反を問われることはありませんが、一律に実施しないという判断をすることが適当でないことも明らかです。実際に従業員が従事している作業の実態を確認し、関係行政通達に示されている内容も勘案して、産業医として判断に関わることが必要です。

(7) ガン検診などの考え方

ア．ガン検診の実施状況

ガン検診は、法令で規定された健康診断ではありません。一方で、住民健診（健康診査）や健康保険組合などの実施する健康診断として広く行われています。

ガン検診を事業場で実施する場合の課題は何でしょうか。診断などの医学的な問題以外に運営に関する課題もあります。事業場で自主的に行う（健康保険組合などとタイアップして実施している場合もあります）ガン検診の受診率は厚生労働省のデータもなく定かではありません。各種の報告資料から推測すると、例えば胃検診について高く見積もっても、受診推奨年齢での受診率は50%を超えないくらいと推測されます。

イ．事業場でのガン検診

定年年齢の引上げや再雇用年齢延長などによって、高齢の従業員が増えていく可能性があり、従来以上に就労期間中のガン罹患者数が増加することが予想されます。ガンにならないための予防対策も大切ですが、早期発見のための対策が事業場としても重要になってきています。

ガン検診の検査方法、対象年齢や検診頻度をどのように決めるのでしょうか。エビデンスが揃っていれば判断もしやすいですが、判断が難しいものもあります。社会の「常識」を勘案しなければならないこともあります。一度決めれば、ずっと同じ基準で続けるということではなく、研究の成果や医学の進歩に伴って柔軟に対応することも必要だろうと思います。このような判断は、事業場では産業医しかできないでしょう。検査手法の進化や研究成果の蓄積により以前よりも負担が小さく発見精度が高い検査方法も広がってきています。代表例が、ABC検診とピロリ菌除菌でしょう。

また、事業場でガン検診を実施する場合、事業場内診療所で実施するのか、健診機関に委託（検診車などを利用）するのか、従業員が医療機関に出向いて検査を受けるのかなどの実務的な問題も検討することが欠かせません。さらに、一次検診の結果で「要精密検査」との結果が出た場合に、精密検査を受診するかどうかを受診者の意思に委ねてしまっては、ガン検診を実施する意義が薄れてしまいます。制度を作っても、従業員の健康につながらないということがないようにしたいものです。

ウ．健康保険組合とのタイアップ

ガン検診や歯科検診を健康保険組合とタイアップして実施している、あるいは実施に向けて検討している事業場があります。健康保険組合とのタイアップは、事業場にとっても従業員にとってもいい方法です。ただし、受診率向上や要精密検査となったときの受診行動につながる働きかけをどう分担するかなどをよく考えてから行うことが必要だと思います。費用負担の問題は別にして、事業場（会社）の定期健康診断の一環という位置付けで実施することも考えられます。ただし、この場合も法定項目以外ですので、個人情報の取扱いには注意が必要ということになります。

エ．人間ドックの利用

健康保険組合の事業としての人間ドックにもガン検診の意味合いが強い面が見られます。この中で腫瘍マーカーの検査が多く含まれていたり、肝炎ウイルス検査が毎年実施されていたりすることがあります。検査が従業員などの負荷や不安を増やすだけで、健康管理に寄与しないということになっていないでしょうか。健保組合に専属の医療スタッフがいるところは多くありませんので、健康保険組合が的確な事業を行うためにも、従業員（被保険者）のためにも、産業医としてのアドバイスが必要ではないかと思います。特定健康診査などを含めてコラボヘルスと称して、会社との連携が強まってきていますので、産業医が健保組合との連携に積極的に関わる必要性が高まってきていると思います。

(8) 特定健康診査・特定保健指導

ア．メタボ対策として始まる

「高齢者の医療の確保に関する法律」に基づいて健康保険組合などの医療保険者に実施が義務付けられたもので、始まった当初はマスコミで“メタボ対策”というフレーズをよく耳にしたと思います。特定健康診査の検査項目は、一般定期健康診断の項目と重複が多いために、事業者には結果の情報提供が法令で求められ、併せて特定保健指導に関しても協力が期待されています。これが“コラボヘルス”の始まりです。厚生労働省からは、実施に当たり詳細なマニュアルとなる「標準的な健診・保健指導プログラム」が出され、随時改訂されています。

この制度が始まる前には、「産業医がどう関わっていくか」の議論が盛んに行われていました。積極的に関わるという産業医は、これまでの保健指導ではなかなか手が届かなかった人たちに対しての施策であり健康管理の幅が広がるという意見も多くありました。このタイミングで事業場内の保健師などのスタッフを拡充したところもあったと思います。やや消極的な意見の産業医は、事業場内のスタッフのマンパワーの問題、健康保険組合との関係などで、積極的に関わるには時期尚早との判断があったようです。

イ．現状と展望

事業場での特定健康診査・特定保健指導（特に特定保健指導）はどのような状況でしょうか。コラボヘルス、データヘルス計画、ビッグデータ活用などの言葉はよく耳にするようになっていますが、健康管理スタッフの間では、特定健康診査・特定保健指導は以前ほどには聞かれなくなった印象があります。一方で、労働安全衛生法ではやや健康管理が手薄になってしまいがちな50人未満の事業場もカバーするものですし、何よりも一律の問診と検査の結果を集積できることで世界に誇るデータベースに結び付くと言われています。この結果に医療費データなどを絡めることで示唆に富む結果が出てくることが期待されています。

ウ．特定保健指導の課題

特定保健指導は外部委託先で行うことが多く、指導成果を上げるという意識が薄くなっていることがあります。特定保健指導の結果報告では、個人の追跡が多くは健康診査の翌年度で終わっていること、治療を開始すると指導対象でなくなること、などの問題もあります。産業医などの事業場の健康管理スタッフに相談されることもなく、保健指導委託先が変更されたり、保健指導実施率の向上のために「動機付け支援レベル」に重点を置くという方針が唐突に打ち出されたりなどということも耳にします。従業員は、特定健康診査・特定保健指導についても事業場の健康管理の一環だと考えていると思います。事業場として、この制度を有効に機能させて従業員の健康維持に役立てるためには、関係者の連携を密にして運営の仕方を検討することが必要で、産業医としても積極的に関わることが必要でしょう。

(9) 健康管理システムの導入と更新

ア．システム構築・更新に関わる

健康管理システム（データ処理システムだけの場合も含めて）を導入している事業場は多いと思います。健康管理システムの導入・構築や更新に関わることは、産業医として非常に勉強になります。過去データの保管方法、現状の問題点の把握、新機能をどこまで追加するか、これらの費用対効果などを検討することが必要となり、さまざまな視点で業務を振り返り、業務設計をすることになります。実際には煩雑で、考えるだけで逃げ出したくなるかもしれませんが、このような検討に積極的に関わることを勧めます。

嘱託産業医が、自分が作った（自分が注文して作った）健康管理システムを事業場に持ち込んで産業医の仕事をする時代が来ています。このような対応を的確にできるようにするためにも、産業医としての事業場での経験が必要でしょう。

イ．使いやすいシステム

健康管理システムを構築・更新する場合に注意しておきたいことがあります。産業医が健康診断結果から「産業医としての判定」や事後措置の判断などを行うときに、過去の健康診断結果、事後措置の履歴、長時間勤務者に対しての面接履歴、その他の健康管理に関わる各種情報を参考にすることが必要です。このためには、これらの情報が一元管理されて参照しやすいようになっていることが理想です。必要な情報がすべて保管され、かつ必要なときに参照しやすい（引き出しやすい、端末画面の切り替えが容易にできる）ことが重要です。このようなシステム環境ができていると、従業員の一人ひとりに丁寧な対応ができ（サービスが提供でき）、データの解析（集団としての統計解析など）も容易になるでしょう。

なお、健康管理システムの更新に当たっては、AIやICTツールの活用を織り込んでいくことを想定しておく必要があるでしょう。どのように活用できるのか、そのために準備しておかなければならないことは何かなどについても意識しておいてください。

ウ．使いこなすことも必要

健康管理システムは「使いにくい」と思っている産業医も少なくないと思います。使い勝手を含めて健康管理システム自体に問題がある場合や、産業医が使い慣れていない（使いこなそうとしていない）ことに起因する場合などがあります。健康管理システムがあっても活用ができていない場合は、システム自体に改善すべき点があるのか、使う側の習熟が足りないのかを見極めて、必要な対応を考えることになります。システムを産業医業務（判定業務など）の時間の有効活用（健康管理業務の効率化）にもつなげられるようにしたいと思います。

4. 健康保持増進活動に関わる

「健康保持増進活動」という言葉は、わかりにくい言葉だと思います。どのような活動を指しているのかがつかみにくく、産業医として実感を持ちにくいのではないでしょうか。とは言いながら、産業医の職務を規定した労働安全衛生関係法令を始めとした、「健康」に関連した法令には「健康の保持増進」という言葉がしばしば登場します。産業医の職務としても「健康教育、健康相談その他労働者の健康の保持増進を図るための措置」に関することが挙げられています。

(1) 法令などが求めること

健康保持増進活動の基本的な考え方として、法令では「健康教育及び健康相談その他労働者の健康の保持増進を図るため必要な措置を継続的かつ計画的に講ずる」こと（労働安全衛生法第69条）や「労働者の健康の保持増進を図るため、体育活動、レクリエーションその他の活動についての便宜を供与する」こと（同第70条）などに努力することが事業者に求められています。「事業場における労働者の健康保持増進のための指針」（通称：THP（トータル・ヘルスプロモーション・プラン）指針、厚生労働省公示）も出され、健康保持増進計画の策定、推進体制の確立、活動内容などが示されています。この章では取り上げませんが、THP指針にはメンタルヘルスのことも取り上げられていますし、心の健康だけを取り上げた「労働者の心の健康の保持増進のための指針」（厚生労働省公示）も出されています。指針通りの運用は難しい事業場も多いと思いますが、事業場での健康保持増進活動のベースになります。事業場での健康保持増進の取り組みについて考える参考として目を通しておく意義はあるでしょう。

一方で、このような法令などの要請があるからという理由で健康保持増進に取り組むという事業場（企業）は多くないでしょう。多くは、従業員の健康保持増進に取り組もうという事業場の考え（内的な動機）によって取り組まれています。従業員の健康に価値を見出していることになります。せっかく取り組む健康保持増進活動が本当に従業員の「健康保持増進に結び付く」ようにしたいものです。容易なことではありませんが、実効を上げるためには、産業医の役割も大きいと考えます。

なお、小規模の事業場では健康保持増進という言葉を聞くことはほとんどないかもしれません。この言葉が使われていなくても、個別指導（健康診断後の事後措置など）、個別相談、健康教室、健康講演など産業医が普段行っている健康管理業務は、健康保持増進活動でもあります。

(2) ポピュレーションアプローチ

ア．職場風土を創る

予防医学で言われるハイリスクアプローチとポピュレーションアプローチを、健康保持増進活動の両輪と考えることができます。ハイリスクアプローチはある健康上のリスクのある従業員に着目した個別または集団へのアプローチになります。取り組む目的が明確で、アプローチの対象にも目的意識を持たせやすく、成果が見通せるために医師（産業医）としても取り組みやすいのではないでしょうか。一方、ポピュレーションアプローチは全体への働きかけで健康保持増進を自ら行うような職場風土（健康文化）を創ることが目標になります。全従業員で取り組むゼロ次予防や一次予防ということになるでしょう。

イ．事業場の安全衛生活動として

この活動は、産業医が自分一人で考えても簡単に始められるものではありません。事業場全体を動かすことになりますので、事業場の安全衛生活動（毎年制定する安全衛生活動計画）に織り込むことで、円滑にスタートが切れます。このためには、多くの関係者の理解が必要で、事業場トップの理解も欠かせません。安全衛生委員会への付議も必要になります。従業員の健康状態についての現状とシミュレーション、取り組みの有効性（できれば科学的な根拠）、取り組むことによって得られるマクロな成果の見通しなどを整理できることが望ましいということになります。ただし、このような精緻な企画でなくても、「面白そうだ、とりあえずやってみよう」などということで、取り組みを始められることもあります。事業場の状況や、取り組む内容によって、どのように企画を提示するかを考えることになります。

⑶　健康増進活動の現状を把握する

既に事業場でなんらかの健康保持増進活動が行われている場合は、産業医としてその活動について、次のようなことについて確認してみてください。

《健康保持増進活動について確認したいこと》

- 年間安全衛生（健康）活動計画の中に、「健康保持増進」や「健康づくり」に類するワードがあるか？
- 健康関連イベント（例：健康キャンペーン、ウォークラリーなど）があるか？
- イベントなどの健康保持増進活動の結果は毎年まとめられ、安全衛生委員会などで報告されているか？
- 各職場で健康保持増進活動が取り組まれて（職場の年間活動計画に織り込まれて）いるか？
- これらの活動について健康管理スタッフの役割は明確（積極的な関わりか？）になっているか？
- 健康管理スタッフがこれらの活動の成果について解析及び評価して次年度の活動内容の改善に結び付けているか？

データとして成果を確認できないことも多いと思われますが、健康保持増進の活動が、事業場の健康管理全体を支える職場風土（健康文化）を創るという面（ポピュレーションアプローチ）の意義があることも踏まえて総合的に評価することも大切です。

上記のことが概ねできているようであれば、健康増進活動が事業場に浸透していると考えてもいいでしょう。不充分な点があれば修正することになりますし、できていない場合は新たに活動を立ち上げていかなければならないこともあると思います。健康保険組合と共同開催を進めるという方法もあります。なお、健康保持増進活動への事業場全体での参加率は、最終的にはほとんどの従業員が参加している状態を目指すべきでしょう。

≪エピソードS≫

私が初めて産業医として勤務した事業場では、「ヤンガー5活動（5年後も健康年齢を維持しよう）」「30彩菜運動（30品目の食材の摂取を目指そう）」「お口のエチケット教室」など耳慣れない活動が既に行われていました。従業員は当たり前のこととして取り組んでいるのですが、産業医としては関わり方がわからず、一歩引いたところから見ていたように思います。その後、ウォークラリーなどは10年以上続いていきます。職場単位で健康づくりリーダーが選任され、職場での自主的な活動をリードするだけでなく、取り組み成果の集計などにも協力してもらいました。そのおかげで長年継続できたと思っています。このように定着した健康管理に関する職場状況を生かして「職場で行う簡易体力測定」を行うことにつなげることもできました。すべての従業員を対象にして、体力測定器具を貸与し、各職場の人たちが自ら体力測定を実施し、測定結果についても職場で集計します。このような取り組みが抵抗も少なくできていたのですが、とても恵まれた職場風土の事業場だったと思います。

⑷ 活動を進める

ア．従業員をその気にさせる

従業員の積極的な活動参加を誘導することも必要です。健康に対する意識が高い従業員は積極的でも、全従業員がそうだとは言えません。開始当初は「会社命令ですか？」といった意見が出たりすることもあるかもしれません。このような中で進めていく活動ですので「従業員の興味を引く打ち出し方」も必要です。活動が定着して「毎年の○○キャンペーンは楽しみだ」などの声が聞かれるようになってくればしめたものです。

イ．関係部門と連携する

健康保持増進活動を、産業医や健康管理スタッフだけで取り組もうと思ってもうまくいかないこともあります。特に大規模な事業場では、安全衛生部門や人事部門など関係する部門と一体となって（一緒に企画して）進めることが必要でしょう。事業場を動かすためには、勘所を押さえて取り組むことに長けた部門との協力が欠かせません。

また、健康保険組合と共同で「△△健康チャレンジキャンペーン」などが行われている事業場もあります。進め方はさまざまです。健康保険組合が単独で取り組み始め、従業員への説明などが不十分なままのスタートになって納得感のないまま終わってしまったり、活動への参加景品などを準備したことで景品を得ることを目指す（「景品がもらえれば、それで終わり」）という従業員の反応になったりしていることもあるようです。健康保持増進活動は、それだけで独立したものではなく、「従業員の健康水準を高める」という大きな目標の中に位置付けて、企画し運営していくことが必要です。個別のイベントを実施することだと考えてはいけないと思います。事業場も健康保険組合も従業員（被保険者）の健康保持増進という同じ目的を持って活動することになりますので、うまく協力して実施したいものです。バラバラの取り組みが、お互いの足を引っ張り、従業員側の混乱に結び付くようなことになることは避けなければいけません。共同しての活動をさらに充実させていく余地がたくさんあると思います。

ウ．推進体制を作る

職場での健康保持増進活動を推進するために、各職場で健康づくり担当者（健康づくりリーダーなど）を決めるという方法もあります。任命された人には少し負担をかけることになりますが、各種健康関連の活動のキーパーソンとして活躍してもらえます。任命時には、それなりの研修を行い、事業場における健康保持増進の意義や健康づくり担当者の役割などについて理解してもらうようにすることが必要です。定着してしまえば、年1回短時間の研修を行えば、十分役割を発揮してくれるでしょう。事業場全体の健康保持増進活動を継続的に行うためには、健康管理スタッフだけでなく、取り組みを行う各職場で推進力になる人が必要です。大規模事業場や分散型事業場が多い場合であればなおさらだと思います。ただし、どのような推進体制にするかは、事業場の風土、体制や考え方（業務の進め方）によっても異なりますので、事業場関係部門とよく相談して検討することになります。

エ．産業医としての関わり

健康保持増進活動を始める口火を切る役割は誰でもいいと思いますが、産業医が従業員の健康状態を踏まえて、活動内容を提案することも必要でしょう。

活動の推進は、健康管理部門としては保健師などの健康管理スタッフが主担当になり、産業医は活動の意義について解説するなどして活動を支えることが現実的でしょう。このような活動の推進は看護職（特に保健師）が長けているように思いますがどうでしょうか。保健師は教育課程で健康保持増進活動に関する講義や実習なども受講しています。また、前述しましたが、事業場の活動として実施することになりますので、事業場の職場活動を日頃からリードしている安全衛生部門（衛生管理者など）などが、企画に関わることも欠かせません。

産業医が活動の推進に無関心でいるのではなく、ときには自ら活動に参加して、結果を公表して（活動の啓発資料に掲載するなど）、従業員の積極的な参加を促すなどということもあってもいいでしょう。健康保持増進が職場生活の中に織り込まれ、事業場全体で健康増進を行うことが当たり前のこととなる職場風土を創ることを支援するというスタンスになると思います。

活動の評価についても関わるようにしましょう。健康増進活動は成果を得るには時間がかかりますし、成果を確認できる評価をすることも難しいものです。保健師などの看護職が一生懸命に結果の集約と評価に取り組む姿は容易に想像できますが、このようなときの産業医としてのサポートも考える必要があります。活動を推進していくために、何らかのデータで評価を示すことができないかを産業医として考えておきたいと思います。なお、健康保持増進に取り組む意義は職場風土を創るという点にもあると考えれば、従業員の声といった主観的（定性的）な評価を織り込むこともあってもいいでしょう。

⑸　活動を進めるに当たって注意しておきたいこと

ア．企画し実行に移す

健康保持増進活動に限ったことではないのですが、活動を始めるときに注意したいことがあります。企画が従業員および事業場の双方のニーズが考慮されているか、対象者が適切か（健康保持増進であれば全従業員）、評価ができるか（成果を示せるか）といった点にあります。

流行に乗ってという取り組みもありますが、中には科学的根拠が非常に乏しい場合もあります。予防的取り組みは、科学的根拠が明確になっていることはそれほど多くはないでしょう。一方で、科学的根拠が明確でなければいけないとすると、従業員が興味を持ちにくい企画になってしまったり、健康保持増進活動がシュリンクしてしまう可能性もあります。健康に対して前向きな事業場風土を創るという意義も含めて考えたいと思います。

流行にもアンテナを張りながら、よい企画を創り出して成果を上げることは、健康管理部門の仕事の醍醐味だとも思います。ただし、どんなにすばらしい企画であっても、計画のタイミング、企画の承認を得る方法、予算の取り方など企業でのいわゆる仕事の仕方を知っていないと円滑に実行し継続することはできません。事業場によって異なります。

イ．継続させる

企画の継続性という点で注意が必要なこともあります。大きな事業場で新たな活動を始めたときは、従業員は「何だろう」くらいの様子見から始まることがあります。3年くらい経つ（年1回のイベントだと延べ3回繰り返す）と活動名と共に活動が定着するのだろうと思います。それなりに時間がかかります。一方、担当する健康管理スタッフは企画の段階から関わっていますので、注力すればするほど「飽き」が早く出てくる可能性があります。いわゆるマンネリです。活動が順調に進むと、もっと新たな企画を出していきたいとの衝動にも駆られやすいものです。今の企画が従業員に定着しているのか、定着しているのであればその評価ができているのか、新たな企画を追加する（または変更する）必要性があるのかなどを立ち止まって考える必要があります。健康保持増進活動は、従業員の自発的で継続性のある取り組みをサポートするのが主たる狙いですので、自分たちの企画を押し付けるような感じになってしまわないように注意が必要です。

(6) コストを考える

ア．コストを見通す

投入したコストや労力に見合った成果を得たいということは、企業に限ったことではありません。企業は営利目的だからと単純に決めつける人がいますが、意識しているかいないかに関わらず、日常生活の中にもあるごく普通の考え方です。逆に企業の中の方が、福利厚生的意味合いもあって目先のコストにこだわらない場合もあると思います。

健康保持増進活動に必要なコストは、人件費（企画側、実施側の労働時間を含めて）、消耗品費、関係機器購入費などが中心になります。就業時間中の取り組みであれば、逸失利益（機会損失、その時間に働くことによって得られる利益を得られないこと）なども含まれます。

イ．成果を追う

掛けるコストは算出しやすいですが、活動の成果として得られる利益はどのように測るのでしょうか。お金で計算できるのでしょうか。そもそも算出する必要があるのでしょうか。あまりに根拠のない金額を計算してみたところで、かえって信用を失うこともあります。

健康保持増進活動の成果を統計的に有意な結果として確認するためには、長い時間が必要でしょう。シミュレーションにコストを用いるといい面もありますが、あまりこだわらない方がいいと思います。従業員に対して「あなたの健康を大切だと考えている」というメッセージの発信、上司・部下、同僚間のコミュニケーション機会の提供、産業医を含めた健康管理部門と従業員のコミュニケーションの深化、このようなことを通して安全な行動に結び付いての労働災害の減少などといった付帯的な効果の方がわかりやすいこともあります。いわゆる福利厚生施策という位置付けもできます。従業員の前向きな気持ちを引き出して、「いい仕事」に結び付けることにもなるでしょう。健康保持増進活動を含めた健康管理の取り組みの総体として成果を上げるという視点も必要です。

(7) 健康保持増進活動いろいろ

さまざまな取り組みがあります。よく取り組まれている健康保持増進活動について筆者が考える留意点などを紹介します。

・ウォークラリー

スマホのアプリにも万歩計機能が付いていたり、万歩計自体も非常に安価で購入できるようになっていますので、取り組みやすい活動だと思います。パソコンにデータを集める（転送する）ことができれば、集計などは容易に行えます。この活動の参加者のモチベーションをどうやって上げるかが企画の成否を決めることになります。スマホのアプリに組み込まれていることもありますが、「○○街道を歩く」「社内全事業場回りのウォーキング」「日本一周の旅」などという個人毎の目標達成や個人・グループで競わせるなどがよく行われています。節目ごとや目標達成時の「ご褒美」が準備できるといいと思います。

・禁煙・節煙

喫煙率が低くなってきていますので、事業場全体で取り組む内容ではなくなったとの印象があります。事業場の状況を見て判断してください。取り組む期間を限定しての禁煙や節煙がどれだけ継続的な禁煙につながるか定かではないのですが、意識付けの効果は期待できます。禁煙外来の受診を促すことなどとセットで取り組むこともできます。選択制の健康イベントでは残しておいてもよいのだろうと思います。

・体力測定

体力測定は、測定することが目的ではなく、受検者が測定結果をみて運動習慣等の見直しを行うことが狙いになります。安全に測定できることは当然として、測定精度にこだわり過ぎて測定することに受検者が楽しさ・面白さ（興味）を感じられないようではいけないでしょう。測定結果をできるだけ早く本人が確認できるようにする工夫も必要です。測定値のほかに同年代との比較や体力年齢のようなものを出すことができれば、意欲的に運動習慣の見直しに結び付くと思います。体力測定の結果から、どのような運動をしたらいいのかがわかる指導をするとか、資料（パンフレットなど）を測定結果と一緒に受検者に渡すといった工夫も必要になります。測定の方法もいろいろな方法が提案されており、簡易な方法（高価な測定器具がいらない）もあります。

若い従業員の運動不足、従業員の高齢化、高年齢者の就労などの面からも、注目される企画になるでしょう。体力が健康に直結しなくても、運動習慣が健康に結び付くことについては、多くの報告があることは周知のとおりです。

・歯周病予防

産業医として歯科関連の話をすることは少ないかもしれませんが、医療費の問題を考えるとどうしても何らかの対策が必要だと考えます。退職後も健康に暮らしていくには歯がどれだけ残存するかはとても大切であり、そのためにも歯科の問題は重要です。歯科検診をすればいいのではなく、一次予防的な視点として歯周病対策を中心に取り組むことが大切になります。ブラッシングの仕方、フロスや糸ようじの使い方などを実技教室として行うことが考えられます。今問題がある（治療を必要とする）状態ではない従業員はあまり関心を示さないといった面ありますが、歯周病やその予防に関してあまり知識のない従業員も少なくないはずですので、継続的に取り組む意味のあるテーマだと思います。最近は歯科の待合室でもブラッシングや糸ようじなどの使い方の映像を流しているところがあるように、歯科衛生士などが直接指導しなくても、わかりやすい教材を活用する方法もあると思います。

・職場体操

体操だけで健康になるということは期待しにくいですが、運動習慣を定着させる方策の一つと考えることができます。転倒や腰痛予防を狙いとした体操もあり、成果が報告されています。

また、始業時の体操は、就業に当たっての心身の準備になる面もあります。就業中（例えば、午後3時）の軽い体操は、いわゆるリフレッシュにもなるでしょう。医学的な成果ということにこだわらず、健康に対する意識を高める取り組みの一つと考えてもいいと思います。

・スポーツ大会

健康管理スタッフが取り組むというよりも、事業場の福利厚生施策や一体感醸成施策として取り組まれることが大半です。健康管理の面からも積極的に後押ししたいと思いますが、一方で参加が強制になって負担を感じる従業員が出ることも考えられます。また、大会中のケガも懸念され、労働災害という扱いになる可能性もあります。少なくとも競技前の準備体操が必要です。このようなことを含めて主催部門への産業医としてのアドバイスが必要な場合があります。

・職場体調確認

健康保持増進というよりも安全配慮義務（健康配慮義務）への対応という位置付けでしょう。体調不良者を業務に就かせることによって、本人の疾病悪化や、業務中の事故に結び付くようなことは避けなければなりません。職場で管理監督者が本人に確認したり、本人の様子を見て、必要と判断したときに医療機関の受診を促したり、就業上の配慮をすることになります。管理監督者に医学的な診断をさせるのではなく、配慮するという位置付けです。自動車運転業務などでのアルコールチェック（呼気テスト）は、利用者に対してサービスを提供する事業者の義務として実施するということですが、運転業務従事者の安全確保という面もあります。

5. 安全衛生教育のすすめ方

法令で規定されている安全衛生教育は大きく2つに分けることができます。1つは教育内容と対象が明確に規定されている教育です。安全衛生担当者などの資格に関わる教育、雇入れ時等の教育、職長になる者への教育（職長教育）、新たに危険または有害な業務に就く者に対する教育などになります。業務に起因するケガや健康障害を防止することが目的になります。もう1つは、努力義務として規定されており、法令の表現は「事業者は、…努めなければならない」となっています。危険または有害な業務に現に就いている者に対して事業場における安全衛生水準の向上を図るための教育（「能力向上教育」など）と、いわゆる健康教育があります。当然のことですが、これらのように法令で必要とされる教育以外にも、的確な事業場運営のために事業場独自で行われる階層別教育のような教育もあります。

健康教育は、前章で取り上げた健康保持増進の取り組みの一環となります。健康教育を含めた安全衛生教育を、どの対象者に、どのような内容で、どのようなタイミングで実施するかは、法令の規定も踏まえて事業者が決めることになりますが、産業医としても従業員の健康状態にあった適切な教育になるように関わっていくことになります。

(1) 労働衛生教育への関わり方

危険または有害な業務に関する教育のうち、有害業務に関わる教育（この章では便宜的に「労働衛生教育」と総称します）は、事業場では年間スケジュールに基づき計画的に実施され、衛生管理者や教育担当者が中心になって企画することが多いでしょう。事業場内で行われることもあれば、事業場外の安全衛生機関（労働基準協会など）が開催する教育を利用することもあります。事業場内で行う場合は、産業医が講師を依頼されることもあります。有害業務別の教育では、当該の有害要因に関わる疾病・症状と関連する健康管理などを担当することが多いようです。わかりやすい市販テキストが出版されており、衛生管理者が担当している事業場も多いと思います。

⑵　労働衛生教育の工夫

ア．作業に活かされることを目指して

産業医が講師を行う場合は、過度に専門的（医学的）にならないように、事業場の実態を踏まえたわかりやすい説明を心がけたいと思います。簡単に言えば、「産業医が知っていること」を伝えるというよりも、受講者が実際の業務で活かせるよう「受講者が理解できること」を説明することになります。

受講する従業員の理解力はさまざまで、受講に臨む姿勢もさまざまです。産業医の説明は原因、発生機序などの順により丁寧に説明して、結論としては「適切な管理や対応をしていないと後々健康影響が出てきます」ということになりがちで、それが難解でかつインパクトに欠けることになっていることが多いようです。写真、動画などのさまざまな教材を活用し、事例などを使って印象に残る教育を心がけてください。教育を受けた従業員が実際に作業をするときに、内容を思い出して「気を付けよう」となることを目標にしたいものです。ただし、実際の作業について知っていないと、このような内容の教育を実施することは難しいと思います。産業医巡視の機会などを活かして現場の実態を知っておくことが大切です。

イ．体験型の教育を取り入れる

知識教育のほかに、実際に体験して「身体で感じる」体験型教育という手法もあります。安全に関しては、危険体感設備を利用した体験型の教育を行う事業場が増えています。労働衛生教育に関しては、作業姿勢の違いによる負担や、照明の当て方による見え方の違いなどを体験型教育に取り入れることは比較的容易にできます。

耳栓や防じんマスクなどのフィットチェッカーを使っての教育も体験型教育の例になります。例えば、耳栓のフィットチェッカーでは、普段使っている耳栓を受講者に持参させ、普段通りに装着した時の遮音効果を数値で確認して、適切な装着方法について理解させることができます。使用中の耳栓のタイプが使用者の耳には適合しないことがわかるケースもあります。防じんマスクの教育も同様にできます。「きちんと着用しましょう」という掛け声だけの教育から、「きちんと着用できているか確認し体得してもらう」という教育になります。このような教育は、受講者もインパクトを強く感じるようです。

労働衛生教育で伝えなければならない内容は、従前からそれほど大きな変化はないと思いますが、教育に使うことができるツールや手法は色々と進歩しています。産業医としても、教育ツールや教育手法などにも興味を持っておくことが必要だと思います。産業医自身が工夫して新たな手法を考案する余地もあるでしょう。衛生管理者などが講師をするときも、このような視点でアドバイスしたいと思います。

⑶　健康教育に関わる

ア．現状の把握

健康教育として、年1回の全国労働衛生週間などに従業員全体への健康講話の機会を設けている事業場もあれば、昇進・昇格とリンクさせた階層別教育や一定年齢到達ごとに健康教育を行っている事業場もあります。

事業場の健康教育に関して、以下の点について確認しておいてください。産業医が講師をするときに限らず、保健師などの健康管理スタッフが講師をする場合も同じです。

≪健康教育に関して確認したいこと≫

・階層別教育で、部下の健康管理に関する内容が組み込まれているか？
・すべての従業員が自分の年代にあった健康教育を受ける機会があるか？（年代別健康教育など）
・各年代に必要な教育内容が定められているか？
・健康教育がメンタルヘルス関連に偏り過ぎていないか？
・流行に偏った内容になっていないか？
・教育講師側の興味主体の内容に偏っていないか？

イ．講師の分担

健康教育は誰が講師をしなければならないという決まりはありません。保健師は教育に長けているという印象はありますが、内容によっては産業医が行った方が説得力が増す内容もあります。誰が講師を担当するかについては事業場の関係者とよく相談して決めましょう。なお、同じ教育でも講師が変わることで全く異なった内容になってしまうことがあります。複数の講師で分担して教育を行う場合は、必ず伝えなければいけない基本的な考え方が、講師によって異なるといったことがないように講師間での調整確認が必要です。
受講対象者が多い場合など、同じ内容の教育を繰り返して行うことがあります。このような場合、講師は何回も同じ内容の教育を行うと飽きがきて、マンネリしているように感じることがありますが、個々の受講者は初めて聞くことになるということも意識しておいてください。レベルアップすることはあっても、基本的な内容がブレないようにすべきです。
なお、職長教育として行われる教育の中で産業医が担当することが多い科目は、安全配慮義務を含む部下の健康管理です。「労働者の適正な配置の方法」の一部ということになります。事業場として行っている健康管理の制度や取り組みなどについての説明を行い、どのような考えで健康管理を取り組んでいるかを伝えることになります。

ウ．産業医の立場で
健康に関する情報がマスコミでよく扱われることもあって、健康保持増進に関連した流行があります。流行していることに対して関心を持っている人が多く、事業場内の教育でも無視できませんが、根拠の乏しいこともあります。よく調べてから教育に取り入れるなどの注意が必要です。根拠がハッキリしないことは、ハッキリしていないと伝えることも必要です。
健康教育で、産業医が私見を加えることもあると思いますが、産業医が事業場内の唯一の医学専門家として頼りにされている場合もあり、発言の影響が予想以上に広まることもあります。このようなことにも注意しながら、講師をするようにしてください。なお、いろいろと気にし出すと、教育内容が教科書を読むような内容だけで面白みがなくなり（印象に残らなくなり）ますので難しいところです。ここが、腕の見せどころということにしておきます。

エ．基本の標準化

いずれにしろ基本とすべき大切なことは、事業場（複数事業場のある会社は全社で）として健康教育で伝えるべき項目とその内容（大まかな内容）を整理してマニュアル（教育指導案）としてまとめておくことです。衛生管理者や健康管理スタッフに原案を作ってもらい、産業医も加わって関係者で検討するということでもいいでしょう。このマニュアルを踏まえて各講師が具体的な教育内容を考えるようにすることになります。教育資料（投影資料、配布資料など）の雛形を作っておくと効率的な業務にもつながります。

⑷　健康教育の方法を考える

ア．さまざまな方法

教育方法としては講義形式がその代表です。教育時間のすべてが講義の場合もあれば、講義に加えて個人演習（設問など）、グループ演習（グループ討議、グループワーク）、発表、実習、訓練などを織り交ぜて行う場合もあります。視聴覚教材の利用が効果的なこともあります。各方法の長所と短所は他の成書に詳しく書いてありますので、参考にしてください。

イ．パワーポイントを上手に使う

講義形式では、パワーポイントを使って行うことが主流になっていますが、フォント、字体、行数、スライド枚数、画像・図表などの使用方法が、見やすさ、わかりやすさの点で配慮が欠けていることがよくあります。わかりやすくするためにアニメーションや色にこだわり過ぎて、見ていて落ち着きがなく違和感があったり、配布資料（スライドのコピー）が見にくくなっているようなこともあります。「これも伝えたい、あれも伝えたい」ということで文字が増えてしまったり、アニメーションでの文字が重ねられ追加されていく結果なのだと思います。パワーポイントの資料作成時には、最後に文字を減らす（見やすくする）という視点でチェックすることが必要です。パワーポイントに関しての受講者からの指摘（問題提言）は結構多いものです。配布資料（テキスト）がある場合のパワーポイントの使い方も気を付ける必要があります。講義が、主にテキストに基づくものなのか、パワーポイントを注視していればいいのかがはっきりしないと、受講者にはつらいものです。

なお、投影資料（パワーポイントなど）は、雛形のようなものが容易に手に入りますので活用することもできます。ただし、講義や研修会資料をコピーしたようなものも多く、きれいで整理されたように見えますが、事業場内の従業員教育にふさわしいかは見極めることが必要です。繰り返しになりますが、従業員が理解できなければ教育としての意味はなくなってしまいます。事業場（または会社）に合うようにアレンジすることが必要です。

ウ．演習を取り入れる

演習として○×問題、穴埋め問題などでも構いませんので、必ず組み込みたいところです。パワーポイントのスライドの中に織り込むこともできます。演習問題は自分で作ることになりますので、覚えておいてほしいところを問題にして、考えて記憶に残すようにします。演習問題を解くために一定の時間が掛かるような場合は、講師が一息つくこともできます。一息つくことは大切です。講義した内容をざっと振り返ったり、以後の講義内容の要点を思い出したりすることもできます。受講者にも好評なことが多く、一石二鳥です。メンタルヘルス教育などでは、事例検討のような形で演習を取り入れることも効果的だと考えます。実際の事例を使う必要はなく、経験事例を基に課題事例を創作すれば良いと思います。演習問題を作ることは自分自身の頭の整理にもなると思いますので、積極的に取り組んでみてはどうでしょうか。

エ．グループ討議で効果を上げる

グループ討議は、受講者の中に前向きな人が多くいるグループではさまざまな視点での意見が出て、討議参加者の参考になります。ただし、討議テーマなどにもよりますが、講師の誘導がなくても活発な意見が出るグループはそれほど多くないと思います。参加者の経験や理解度にバラツキがあるために、すべてのグループで一定の方向に向かって積極的な討議になるように誘導するためには、テーマの設定やグループ討議の進め方などに工夫がいります。

グループ討議に慣れた人が多い場合は、議論が盛り上がっても、討議の内容がいわゆる「優等生」の答えを導き出すことになってしまうこともあります。グループ討議で教育効果を上げるためには、参加者の経験や理解度、置かれた立場などを知っていて、グループ分けを講師が行うことができると理想的です。グループ討議で教育効果を上げるためには、討議の結果に対して講師がしっかりとコメントするなど工夫がいると思います。

オ．発表の意味

演習やグループ討議の結果の発表は、課題に真剣に取り組むことを期待して実施することになります。ただし、限られた時間内での発表は無難な内容になったり、他の人には理解しにくい内容になったりすることが多いと思います。このようなことを踏まえて、どのように実施するか、実施するかどうかを判断することになります。

⑸　事例が好き

事例が好きな人が多いと思います。受講者だけでなく、教育を企画運営する担当者（部門）にも共通しています。講師の高い評価にもつながります。講義などで理解できれば、事例が不要との考えもありますが、講義などメリハリを付けることもでき、うまく活用したいと思います。ただし、事例が本当に役に立つのかは、事例の取り上げ方と、そこから引き出す教訓の示し方に掛かっています。よそ事として、興味本位で受講者が受け止めないようにしなければ、事例を取り上げる意味がありません。行動変容に結び付くように、受講者の想像力をふくらませるような誘導をすることが必要です。

⑹　教育の評価と効果の把握を行う

教育の評価としては、終了後のアンケートがよく行われます。有用度や理解度を科目別や全体での評価を受講者にしてもらい、併せて感想や意見を書いてもらう方法です。選択式にする場合は、例えば、5段階評価として「5：大変良い、4：良い、3：普通、―――」とした場合に、3以下が散見されるようであれば教育の内容または方法に課題があり、見直しを検討する必要があるでしょう。5と4の回答が大半であっても、事業場内での教育でのアンケートにはバイアスがかかっている（特に記名の場合は書いたことを知られるという不安、当たり障りなく済ませたいなど）ことが多いということも認識しておく必要があります。感想や意見についても同様のことが考えられますので、書かれた内容を全体の意見として捉えてよいかは難しいところです。

本来の教育の評価や効果は、どのくらい記憶に残っているか、どのくらい仕事の中などで活かされているか、などを教育から一定期間をおいてからアンケートやヒヤリング等で確認するという方法が有効でしょう。しかし、後日実施するアンケートでは、回収率が低下しやすいことや厳しい感想（本音の意見）などが書かれることも覚悟しておくことが必要です。このほか、各種の個人面接、産業医巡視などで個人や職場単位で意見を聞く機会を持つこともできます。アンケートと異なり数値的な評価はできませんが、教育効果が感じ取れると思いますし、次の改善へのアイデアにもつながると思います。

≪エピソードS≫

本社に異動して全社で実施する階層別教育（管理職昇進者、管理補佐職昇進者）で、メンタルヘルス教育を担当することになりました。すでに事業場では頻回に行っており、ある程度自信を持って臨み、終了後もそれなりの良い感触が得られた教育だったと思っています。1か月後に教育担当部門からすべての教育科目別の受講者からの評価一覧が各講師に送付されてきました。結果は、悪くはなかったのですが、無難な評価という印象でした。その後は、さらに工夫して、教育の中で示すデータもできるだけ社内データを使い、事例をより現実的なものにして設問形式を織り込むなどの工夫を重ねるようにし、非常に高い評価を得ることにつながりました。受講者の満足度を意識した教育について考えるよい機会だったと思います。この教育を数年間担当したのですが、毎年低い評価になっていた他部門の教育が、いつまでも低い評価のままだったことも気になるところでした。

⑺　関心を引き付ける啓発

ア．啓発によって健康管理を支える

健康管理に関する啓発（例　毎月作成の健康情報紙など）も大切です。事業場の風土（健康文化）醸成にもつながります。啓発の手段としては、資料配布、イントラネットへの掲載、管理監督者を通しての伝達などがあります。管理監督者を通しての伝達の場合はコンパクトにまとまった明確な指示のようなものが中心になるでしょう。新型インフルエンザが流行したときには、このような方法で職場での啓発などが行われた事業場もあると思います。

啓発は単発でいい場合もあれば、シリーズ化して提供した方が効果的な場合もあります。運動指導、栄養指導、心の健康、保護具管理のポイント、化学物質の管理などはシリーズ化した方が丁寧にわかりやすく解説できます。

イ．読みたくなる工夫

啓発資料を作成するときに注意しておきたいことがあります。啓発資料を読むか読まないかは、興味を引く内容かどうかで、受け取った側が判断することになります。新聞と同じようなもので見出しにインパクトがあり、全体を読もうという気にさせることが大切です。文章を読みやすくする工夫も大切です。啓発資料の作成者は自分が調べれば調べただけ人に伝えたい（人に知ってほしい）という気持ちになりがちで、正しい内容にこだわり過ぎてしまうことがあります。最近は多くの情報を誰でも容易に調べることができますので、情報が足らないということはほとんどありません。細かい情報を提供するというより、「その気にさせる」きっかけを作ると考えた方がいいでしょう。気付きを促し行動変容に結び付けてもらうために伝えるべき情報の選択という意識が必要です。自分が受け取ったときに読む気になるものを目指すことになります。

6. 健康障害の原因調査と再発防止

有害要因に起因する重篤な健康障害は稀で、医学的専門的立場から関わるというケースに遭遇する産業医はほとんどいないのでないでしょうか。とはいえ、産業医の職務の一つに「健康障害の原因の調査及び再発防止のための措置に関すること」が法令で規定されており、基本は押さえておきたいと思います。

(1) 調査の視点

典型的な職業性疾病に関しての調査については、さまざまな成書がありますので確認してください。

ア. さまざまな健康障害

有害要因といってもさまざまで、法令で具体的に規制の対象になっている要因だけではありません。「有害要因に起因する健康障害」というと、ともすると予め確認されている「有害要因」から結果としての健康障害に結び付けがちですが、健康障害という従業員の状態（症状）から、就業環境や作業方法などのあらゆる影響について考慮することが必要になります。このために統計的手法を用いて、健康障害関連の検査データの解析が必要なこともある一方、母集団が小さくて、統計的に結論を出すことは難しいことも少なくありません。

イ. 健康影響の広がり

健康障害発生は、多くの場合、同じような負荷（有害要因へのばく露）を受けている従業員が複数いる可能性を考える必要があります。このために作業環境測定をはじめとした多方面からの調査が必要になります。場合によっては、産業医が専門的知識を生かして、調査の方法についても指導したりアドバイスしたりすることが必要になります。このとき、成書などに書いてある方法だけでは足りないこともあり、事業場関係者と相談して、社外の専門家や専門機関（「**Ⅲ－6．社外専門家・専門機関の活用**」参照）の協力を仰ぐことが必要になることもあるでしょう。なお、健康障害という明確な症状ではなく、「健康影響」と言ってもいいレベルのものもあり、健康障害に至らない段階での対応に結び付けることができることもあり、望ましいということになります。

ウ．影響の現れ方

健康障害の現れる部位もさまざまです。血液検査や、尿検査、画像診断などに現れるものもあれば、自覚・他覚症状（皮膚、粘膜、筋骨格系、眼など）などだけといったケースもあるでしょう。典型的なものもあれば判断が難しいものもあり、場合によっては、外部の専門医療機関に診断を依頼することも必要でしょう。業務起因性が疑われる場合の対応は、衛生管理者をはじめとする事業場関係者にも予め伝えておくことも必要です。原因究明や事後措置は、事業場として実施することになりますので、関係者間でしっかりと情報を共有しておくことが欠かせません。

有害要因起因の健康障害というと慢性障害がまず思い浮かぶと思いますが、急性中毒や突発性の健康障害もあります。就業環境などを調査しようとしても、障害が発生したときから状況が変化していることもあります。

健康障害に関連して行う調査（測定など）は、産業医が直接行うことは少なく、事業場の関係部門が実施することになると思いますが、必ず結果の報告を受けて、内容を吟味し、適切な再発防止に結び付けてください。

エ．監督署の調査など

重篤な事例などでは、労働基準監督署の調査などが行われることもあります。健康障害の見られた従業員の日頃の健康状態（健康診断の結果）などについて、情報提供を求められたり、産業医としての見解を聞かれることがあるかもしれません。このような場合は、過不足なくありのままの情報を提供したり、客観的な立場での見解を伝えたりすることが大切です。

⑵　複合的な影響

騒音性難聴と趣味（音楽鑑賞など）の影響、騒音性難聴と加齢による老人性難聴、有機溶剤などの肝機能障害や尿検査異常、肺ガンなどの喫煙影響、筋骨格系障害への趣味など（ゲーム、DIY、自家農園など）の影響、眼精疲労とスマホなど、業務起因性なのか判断が難しいこともあります。集団（職場内）での同様の障害の発生状況や、就業環境と作業負荷の影響を調査して判断することになります。

⑶　再発防止の対象と措置

再発防止として健康障害になった本人のことを考えることは当然で、個人への対応としては配置転換なども含めて考えることになります。有害要因による健康障害が発生した場合にもっとも大切なことの一つは同じ健康障害を発生させないことで、作業環境（就業環境）の改善や作業負荷の改善ということが中心になります。現業系の作業では工学的対策を第一優先に実施することになります。事業場の関係者が実施することになりますが、この措置の内容についても産業医として必要な意見を伝え、措置の結果を確認するようにしてください。

⑷ 脳・心臓疾患、自殺など

労働災害（労災認定）という意味では過重労働が関係する脳・心臓疾患や自殺も気になるところです。事業場や本人などから相談があったときは、慎重にアドバイスなどをするようにしてください。この関係では、さまざまな成書がありますし、厚生労働省のホームページにも関連する情報が掲載されています。

7. 作業の管理と作業環境管理

産業医の職務として「作業の管理に関すること」「作業環境の管理に関すること」が法令に掲げられています。産業医の業務の原点と言ってもいいでしょう。産業医巡視と同じで、「従業員（労働者）が仕事をする」ということがあるから、産業医の業務があるということになります。法令が制定された当初は、これらの管理を適正に行うことによって、いわゆる職業性疾病の発生を防ぐことが目標でしたが、「働きやすさ」「快適」という視点も重要になってきています。

(1) 作業の実態を知る

ア．現場を確認する

現場に行き、作業状況を見る（知る）ことが基本になります。現業系の職場でなくても、事務的な仕事やサービス業でも同じで、いわゆる「現場」を見ることが基本です。産業医巡視だけでなく、面接時などに得られる従業員からの情報、特殊健康診断結果や作業環境測定結果、ストレスチェック結果の確認などを糸口にできるだけ現場に足を運びましょう。

現業系の事業場では、現業部門にどうしても目が行ってしまい、いわゆる間接部門（管理部門、事務部門）はどこでどのような仕事をしているかをよく知らないということになりがちです。現業系の現場のみでなく間接部門の事務室にも足を運ぶことを忘れないようにしたいものです。「Ⅱ－2．現場を見る目（産業医巡視）」も参照してください。

イ．情報から判断する

健康診断や長時間勤務者面接、ストレスチェック面接などのときにも従業員から多くの情報を得ることができます。所見有無の判断のための機会とするだけではなく、作業状況、作業のしづらさ、心理的な負荷などもいろいろと聞いてみることでも作業の負荷を確認することができます。

⑵　作業現場を見る視点

有害物質や有害エネルギーが健康阻害要因と考えられる職場では、ばく露量（濃度など）、ばく露時間や一連続作業時間、保護具の着用及び管理状況などを確認することになります。

作業による心身の負担に関しては、客観的な目で見ることも必要ですが、「自分がやるとしたら」（自分が従業員としてこの仕事をするとしたら）という視点で確認することも重要です。決してすべての作業が特別に鍛えられた人（熟練者）が実施しているのではなく、さまざまな能力と経験の人が仕事をしています。可能であれば、従業員に現場で話を聞くこと、実際に自分で同じ仕事をしてみる（同じ姿勢になってみる、同じ作業位置に行ってみる）ことなども、作業の課題を理解する上で役に立ちますし、このような経験を積んでいくことは産業医としての感性を上げていくことにつながります。一度、取り組んでみるといいと思います。

労働力の多様化が進む中で、女性、高齢者、障害者、外国人などへの対応という視点も産業医としては重要です。フレキシブルな勤務（不規則勤務）や非正規従業員の勤務などにも目を向けたいと思います。それぞれに対して留意する点は、「Ⅱ－11．多様化への対応」を参考にしてください。

⑶ 事業場の健康阻害要因を知る

ア．健康阻害要因（有害要因）を把握する

職場における健康阻害要因としては、化学的因子（化学物質、金属等）、物理的因子（振動、音、光、電離放射線、高温低温等）、生物的因子（細菌、ウイルス、植物、動物等）などが典型的な要因ですが、これに加えて、労働に関わる時間的因子や心理的因子なども念頭に置いておく必要があります。心理的な要因には、仕事の内容、緊張やプレッシャー、人間関係などもあります。

産業医になったら、まず、事業場の健康阻害要因になるものは何かを把握することが必要です。把握する方法の第一歩は、衛生管理者や健康管理スタッフ、場合によって事業場の幹部から聞くことになります。資料にまとまっていれば、内容の説明を聞いてみましょう。これまで把握している健康阻害要因への事業場として対処してきたこと（実績）と対処していく計画についても確認してください。

産業医自身が、産業医巡視で見つけることできれば格好良いのですが、経験を積まないと難しい面があります。まずは、特殊健康診断の種類や作業環境測定の種類を聞くことで、法令で管理方法が規定されている健康阻害要因については目星をつけることができます。ただし、あくまでも法令に基づいて管理対象になっている場合だけが対象ですから、事業場にある有害要因をすべてカバーできているものではないこと、改善の優先順位が高いとは限らないということに注意が必要です。

イ．心の健康阻害要因も

就業に関わる時間的因子や心理的因子という点については、長時間勤務者に関わる医師の面接の実績などを確認することが課題の大

きさに気付く参考になります。事業場の全体の状況を把握するために、全従業員の就業時間（時間外就業時間）実績の分布（できれば職場別に）や（有給）休暇取得実績についてのデータを担当部門から入手しておくことも有用です。

長時間勤務者の面接だけでなく、従業員と話をすることで気付くこともあります。健康診断の診察、事後措置に関連した面接、健康相談、健康教育などの場があります。会社（事業場）行事や労働組合行事などの場も実態把握の場になります。従業員と話をする場が多ければ、気付きの確率が高くなります。

(4) 健康阻害要因を評価する

ア．健康診断結果からの判断

健康阻害要因はどのように評価するのでしょうか。特殊健康診断結果と作業環境測定結果を確認して、それぞれの判断基準に照らし合わせてみることになります。特殊健康診断結果は、「有所見」が見られた場合は本人及び管理者などへのヒヤリング、現場確認などを行い、できる限り原因を推測することになります。安易に保護具の不適切な着用ということで片づけてはいけません。同じ職場内（同様のばく露環境）でほかに「有所見」者が出ていないかの注意が重要です。複数の「有所見」者がみられる場合は、職場環境や作業方法に起因している可能性が非常に高いことになります。

イ．作業環境測定結果から判断する

定期作業環境測定結果についても第2管理区分、第3管理区分であれば、作業環境管理が不十分ということになりますので、対策の検討が必要になります。このときに、過去の測定結果も考慮することが大切で、これまで第1管理区分だったところが変化していれば、何らかの作業環境の変化（作業環境対策設備の不備など）が想定されますので、その原因を見つけなければなりません。第2管理区分や第3管理区分が継続している場合は、どのような対策が考えられてきたのかを確認する必要があります。ただし、工学的な作業環境対策が難しいケースもあると思います。抜本的な対策を考えてはいても実現に結び付いていないこともあるようです。測定結果を機械的に判断して、改善を求めることが、「実態を知らない産業医」という見方につながることもあります。関係者に十分話を聞いて、共に考えるという姿勢が必要です。

ウ．法令の範囲にとどまらずに

法令で特殊健康診断や作業環境測定などの管理が規定されている健康阻害要因以外にも、作業の方法や作業環境に課題があり得るということも忘れないでください。産業医として、現場の作業や作業環境の実態、従業員の状態（健康状態、愁訴など)、学会などから得られる最新の知見などから、感度高く課題を把握し、評価できるようになりたいと思います。

⑸　目指したい

ア．よりよい状態を目指す

作業管理・作業環境管理の目標は、職業性疾病の発生防止（健康阻害要因の排除）になるのですが、多くの事業場では発生の頻度は極めて低く、産業医としても実感が乏しいと思います。このような状況の中で産業医としては、「仕事のしづらさ」をいかに減らすかという視点を持つといいと思います。「仕事のしづらさ」は多くの場合、不要な負荷を従業員が感じているということになります。従業員から「○○しづらさが改善した」という言葉が少しでも聞けるようになりたいものです。産業医として、このような改善案を出せると産業医としての面白みもやりがいも増します。

併せて、働きやすい環境も実現したいものです。「安心して働ける」とか、快適な職場に近づけることになります。

イ．ばく露を軽減する

完全に健康阻害要因を無くすこと（発生源を無くすなど）ができない場合は、ばく露を減少させることで健康への影響が生じないようにするための対策を取ることになります。例えば、騒音であれば作業を遠隔にする、遮音効果の高い保護具（耳栓、イアマフ）を使用するなどしてばく露を減らすことになります。暑熱環境に対しては、熱中症に結び付く温度、湿度などに対する直接の対策は容易ではありませんが、作業時間の短縮や労働強度の軽減、休憩場所の改善といった対応は可能なことが多いでしょう。粉じん環境で電動ファン付き呼吸用保護具（面体内を常に陽圧に保つことで粉じんなどの侵入を防ぐことができ、かつ呼吸が楽になる）を導入するといった対応もあります。保護具などの安全衛生用品は使いやすく性能の高いものの開発が進んでいます。

このような対応については、産業医として衛生管理者や職場管理者など事業場関係者に積極的に提案をして、事業場として検討し、一歩ずつでも良い方向の改善が進むようにしたいと思います。

⑹ 作業環境測定を経験する

ア．測定の意図を理解して

作業環境測定については、産業医資格取得時の研修などで学んだことがあると思いますが、覚えているでしょうか。研修で聞いたり、成書で読んでもなかなか馴染みにくいもののようです。

作業環境測定は日本独自の測定方法です。有害な要因のある作業環境を統計的な手法を使って評価することにしたもので、設備対策などにつなげようという意図がある方法です。

指定作業場（作業環境測定士が測定をしなければならない作業場）などの定期作業環境測定結果に対して、産業医は多くの場合、作業環境評価基準に基づく管理区分のみを確認して、それに応じてパターン化されたコメントを記載して確認印を押しているのではないでしょうか。測定結果というデータを見るだけでなく、測定対象作業場で従業員が仕事をする姿を思い浮かべながら、作業測定結果報告書を確認したいと思います。

イ．測定士講習を受講する

指定作業場のある事業場の産業医（特に専属産業医）は、第2種作業環境測定士取得のための登録講習（3－4日間）の受講をお勧めします。資格試験は免除です。測定にあたっての作業場のデザインの考え方や実際に各測定値から自分で電卓を使って平均値、偏差から管理区分の決定までの演習も研修項目になっています。作業環境測定結果報告書に記載されていることに対する理解が深まり、適切な測定が行われているかについても質問したり、疑問を投げかけたりすることができるようになります。職場の状況を頭に浮かべながら作業環境測定結果を見ることに面白みを感じられるようになれば、有害要因のある事業場の産業医として専門家になってきたと言ってもいいでしょう。

ウ．法定の測定だけでなく

前述のとおり、法令で定期作業環境測定の対象になっている有害要因は限定的です。産業医として、法令の規定とは別に作業環境の状態を確認したり、監視したりする必要があると思うことがあれば、衛生管理者などの事業場関係者と相談してください。また、有害要因へのばく露の状況は、作業場の測定だけでなく、個人のばく露状況を調べる方法もあります。個人ばく露測定用の機器の種類も増えてきています。

また、日本産業衛生学会の「許容濃度の勧告」（毎年度更新され公表されている。インターネット検索可能）の解説文（許容濃度等の性格および利用上の注意など）に目を通しておくと、有害要因に対する管理のあり方についてヒントが得られます。

8. メンタルヘルス対応の考え方

メンタルヘルスの問題への対応を求められることが増えています。最も時間を割く業務の1つかもしれません。時間がかかる理由は、個別対応ではないでしょうか。個別対応を産業医の仕事とするかについては考え方が分かれるところですが、事業場や従業員からのニーズを無視することはできないという現実もあります。このようなことも含めて、産業医としてのメンタルヘルス問題への対応を考えたいと思います。

(1) 基本としたい考え方

ア．背景まで考えて

産業医が関わるメンタルヘルスの問題は、職場あるいは仕事に関連した問題が基本です。メンタルヘルスの問題に取り組む視点は、従業員が「いきいきと前向きに仕事に取り組む」ことができ、それが事業場にとってもいい結果に結び付くということだと考えます。

職場メンタルヘルスの問題が発生するのは、「なぜ」でしょうか。目の前に現れた不調な従業員という「個」に目が行き、その従業員を通して問題を考えることになりがちです。個々の従業員への対応が非常に大切なことは間違いありませんが、その背景に目を向けることが求められます。一方で、背景にある職場や仕事での問題は複雑なことの方が多い上、従業員の家庭内の問題や友人関係、金銭的トラブルなど私的な問題にも目を向けることが必要なこともあります。

イ．マネジメントの問題という視点

原因が職場や仕事に関することとわかっても、職場や仕事へのアプローチは容易ではありません。職場の管理監督者が課題を理解して対応することが必要ですし、場合によっては事業場として取り組む必要があります。産業医や健康管理スタッフが直接に関われる範囲は限られています。粘り強く関係者と課題を共有し、解決していくことが求められ、トータルとしての事業場の経営に貢献するとの確信を持って粘り強く対応することになると考えておいてください。メンタル「ヘルス」という健康や病気の問題にとどまらない、職場や仕事を含めたマネジメントの問題です。

(2) 現状を俯瞰する

ア．取り組み状況の大まかな把握

事業場でのメンタルヘルスへの取り組みの現状について以下の項目で確認してみましょう。

【チェックポイント】
ア．メンタルヘルス関連での休業状況（休業者数、休業日数など）
イ．職場復帰後の再休業者の把握
ウ．年間個別対応人数と件数（事業場の傾向なども含め）
エ．ストレスチェックや健康診断問診等からの早期発見（気付き）
オ．ラインケア教育（管理監督者による部下のケアなどの職場対応についての教育）
カ．セルフケア教育
キ．ストレスチェックでの高リスク者の割合及びその推移、職場健康度及びその推移
ク．高ストレス職場への対応

これらは、厚生労働省の指針やメンタルヘルスのテキストに記載されていることを念頭においた確認項目で、メンタルヘルス対策の基本になります。

イ．休業状況の把握

ある意味でメンタルヘルス対策の全体評価となるものですが、メンタルヘルス不調による休業者数や休業日数の数字が思い浮かぶでしょうか。比較できる事業場外のデータはなかなか見つかりにくいと思いますが、産業医として評価してみてください。同じ会社の他の事業場や業界の統計などがあれば、参考になります。

メンタルヘルス対策も、他の疾病予防と同じで、一次予防から三次予防までがあります。これらの対策を一気に実施することは容易ではなく、段階的に取り組みながら、そのすべてを網羅した取り組みを進めることが理想です。

取り組みやすい(取り組まざるを得ないと言ってもいいでしょう)こともあって、事業場が最初に取り組むのは三次予防になるでしょう。具体的には、メンタルヘルス不調者（回復者）への対応→職場復帰→復帰後の対応といったことになります。

ウ．再休業者の把握

復職支援がうまくいったかを判断する指標になります。復職は、従業員本人、主治医、産業医、職場の連携によって、職場復帰に向けての準備や復帰後のフォローを行い、再度休職することがないことを目指して取り組むことになります。再休業者が多いということは、支援を行った周囲の従業員への影響もかなり大きくなっていくために、職場の復職対応に関するモチベーションの低下の原因となることがあります。一般的に復職者が再休業する率は低くないとされていますが、ゼロを目指すことが基本になります。

エ．個別対応の実績から見えてくる

産業医や保健師などの個別対応の活動実績になります。年間でどのくらい時間を割いているのか、一人あたりどのくらいの頻度で対応しているのかを把握しておきたいと思います。個別対応のニーズが高まっていると書きましたが、一方で、メンタルヘルスの問題が散見される事業場の関係者から「産業医がメンタルへの対応をしてくれない」「メンタル対応は精力的にしているが、実績がつかめない」というようなことを聞くことがあります。産業医としては、取り組みの状況を数字で示すようにすることも大切です。必要な場合は、事業場内での対応の体制（スタッフ体制など）や外部専門機関の活用などを検討していくことに結び付けることになります。ただし、産業医が個別対応に終始するような状態は、本来の産業医の職務を遂行するという視点では好ましい状態ではありません。個別対応は達成感がありますが、必ずしも事業場全体の状況を良くすることに結び付くとは言えません。

オ．健康管理部門としての早期発見（気付き）

ストレスチェック、定期健康診断の問診などをメンタルヘルス不調に関する早期発見の機会にすることは当然のことです。他に相談窓口の開設、電話相談、メール相談などが早期発見のために準備されていることがあります。これらのことを従業員全員が知っていることが必要であり、一部の人だけが知っているような状況ではいけません。メンタルヘルス不調の事例が増加している事業場では、この窓口機能が期待どおりに機能しているかの確認が必要です。

⑶　事業場全体のメンタルヘルスケアに取り組む

ア．気付きを促すラインケア教育

上司による部下の不調への気付きがとても大切です。ラインケア教育では、不調への気付き方、その時の対応方法を現実の場面を想定して伝えることがポイントになります。多くの事業場でラインケア教育が実施されていますが、教育の成果が活かされているのでしょうか。上司自身が部下に直接対応できなくても、気になる部下がいた場合に産業医などに相談するといった対応に結び付けることは比較的容易にできるはずです。事業場によって、ラインケアの考え方の浸透度に差があります。どのような教育が実施され、実際に活かされているか確認してみてください。ラインケア教育が、単なる知識教育になっていたり、最も必要な「対応方法」（コア部分）が事業場の実態にそぐわない内容になっていることがよくあります。産業医が講師をするときは、このような点も気を付けてもらいたいと思いますし、健康管理スタッフなどが講師をしている場合は認識を共有しておくことが必要です。

イ．一次予防に結び付けるセルフケア教育

セルフケア教育では、従業員自身がストレスに気付き、自分に合った対処を促すことになります。この中には、「産業医や保健師に相談する」ことについて含まれていることが必要です。人によってストレスの感じ方も適切な対応が違うことも強調しておきたいと思います。集合教育だけでなく、啓発資料活用や健康イベントなどに組み込んでの啓発という取り組み方も考えてみてください。

<一人ひとり違うストレス問題>

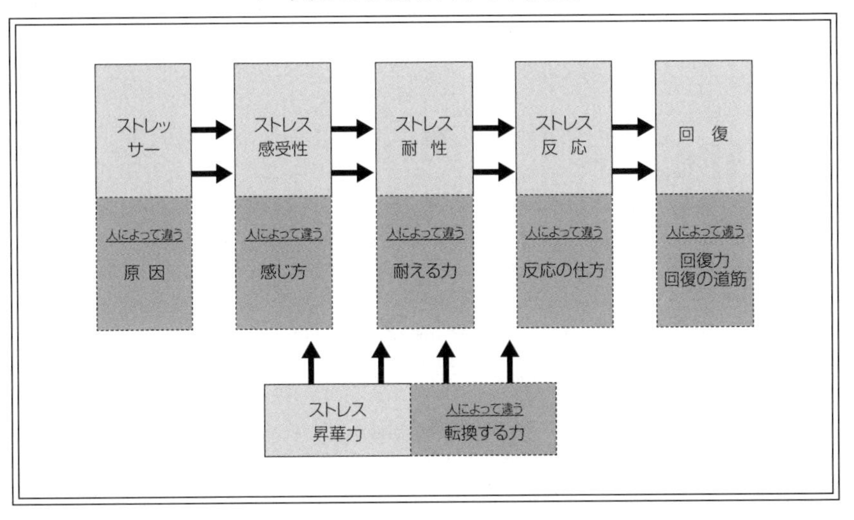

ウ．ストレスチェックというセルフチェック

ストレスチェックの目的の一つは、従業員自身がストレスに気付くということです。ストレスチェックを記入するときの気付きもありますし、返却された結果を見て気付くこともあります。ストレスが高いという結果が出たら、まず自分自身で対処法を考えて実施することになります。希望する場合は医師の面接を受けるという制度になっていますが、希望者はどれくらいいるでしょうか。高ストレス者の数や面接希望者の数は気にはなりますが、調査を行ったときの瞬間値ですので冷静に受け止めることが必要です。この数の多寡に過度に反応する必要はありませんが、何を意味しているのかは慎重に考える必要があります。

エ．高ストレス職場への対応

メンタルヘルスのテキストに「職場環境改善」などという表現でアプローチの方法が書いてあります。事業場でどのような取り組みが行われてきたのか、また、その取り組みが実効を上げているのかも併せて確認してください。

メンタルヘルスに関する職場環境改善は、試行錯誤の段階の事業場が多いと思います。すべての職場または高ストレス職場限定で改善計画の作成を行った事業場もあると思います。職場の管理監督者の反応はどうでしょうか。職場の管理監督者は、職場のマネジメントにそれぞれの考え方で取り組んでいることに対して、「あなたのやっていることは間違っている、改善すべき」などといった環境改善の必要性の示し方は適当ではないでしょう。

安全の取り組みでは、良好事例の横展開がされています。ストレスチェックに関しても、高ストレス状態が続く職場があれば、高ストレスでなく業績が上がっている職場と何が違うのか比較してみると、課題や対応が見えてくることがあります。当該の職場同士で交流させることによって、管理監督者が自ら課題や対応を見出すこともあるでしょう。既に事業場で行われている改善活動の仕組みの中に取り込むことができれば、比較的スムーズに改善に結び付けられる職場が多くなると思います。

どちらにしても腰を据えて取り組んでいくべき課題であり、職場に限った活動というよりも、事業場全体で取り組むべき活動と考えた方が効果的でしょう。

オ．世代間のギャップを埋めるアイデア

若い新入社員のメンタルヘルス不調はベテラン社員にはどのように見えるのでしょう。逆の場合はどうでしょう。変化の激しい時代ですので、少なくともメンタルヘルスへの対応については、同世代のサポートがいるのではないでしょうか。生きてきた時代背景の違いが大きいために、価値観の隔たりがあり、自分と違う世代のこと

を理解することが難しいこともあります。

管理監督者が若手従業員のことを1対1の対面で深く理解しようとしても高い壁があります。若手従業員は、本人が親しくしている若手の同僚にサポートしてもらうことがあってもいいでしょう。事業場という組織ではどうしても上下の関係の中で問題解決を図ろうとする傾向がありますが、このような方法がメンタルヘルスの問題への対応などではうまくいかないこともあります。共感を得られる身近な（同世代の）同僚の支援が必要なこともあります。産業医の若手従業員に対する個別対応も、場合によっては同世代の同僚のサポートを求めることも考えられます。同じ事業場にいる産業医と従業員という関係だからこそできる個別対応の方法もあるはずです。

カ．根本的な課題へのアプローチ

メンタルヘルスの問題というと、ストレスチェック、職場環境改善、休職、復職、精神科…が頭に浮かびますが、最も大切なことはメンタルヘルス不調の従業員を出さないことです。このことが、事業場にとっても従業員にとっても最も価値のあることです。一次予防と言ってもいいでしょう。同じ業態の事業場でも、メンタルヘルス不調者の多い事業場とほとんどいない事業場があります。何が違うのでしょうか。もしメンタルヘルス不調の従業員が多い事業場であれば、産業医としてこの理由をよく考え、観察し、事業場関係者と意見交換を重ねてみることを勧めます。個別対応をいくら的確にできても、次々とメンタルヘルス不調者がでてくるようではきりがありません。このような状況を変えるのは容易ではありませんが、根本的な原因や背景へのアプローチとして取り組む必要があります。

⑷ ラインケア教育について深掘りする

ア．教育の前提

職場メンタルヘルス問題の対応に最も必要な教育は、職場のマネジメント教育でしょう。管理監督者が自分の職場の従業員が前向きに生き生きと仕事ができるようにする教育になります。それぞれ違った過去や経歴があり、さまざまな能力や性格の従業員がいて、得意不得意もあるという多様性への対応になります。それぞれの従業員の力を最大限に引き出し、従業員自身も管理監督者も達成感を共有できるようにすることが基本になります。メンタルヘルスという「ヘルス」という結果に現れてきているために健康管理問題として注目されていることは、本質的ではないでしょう。有害な化学物質を取り扱うことによる健康障害は、医療面での対応が必要ですが、医師が診断しても根本的な問題解決はできません。化学物質の取扱いという技術的な問題への対応が、本質的な問題解決だということと同じです。

もう一点注意が必要なことがあります。事業場では、管理監督者は判断する人で、的確な指示ができる人が優秀な管理監督者であるとされています。多くの場合、部下となる従業員は上司の指示に従って仕事をすることが求められています。このような関係があるという前提で、どのような教育をすることがいいのか考えることになります。特に、管理監督者は「聴く」ことに慣れていない、部下は「聴かれる」ことに慣れていないことを前提に考える必要があります。

イ．ラインケア教育の内容

ラインケア教育については、メンタルヘルスのテキストに類型が示されており、それを事業場に合う形にアレンジして実施されている事業場が多いと思います。この教育は、大きく分けて、導入としての知識教育と問題解決手法に関する教育になります。

知識教育については、内容を詰め込み過ぎていないか注意が必要です。メンタルヘルス不調について疾病名をたくさん並べ、レアケースまで含めて解説してもあまり意味がないと思います。必要なときに確認できるように簡潔にまとめた資料を渡しておけば良いでしょう。あとは、「わからないときはどんなことでもいいから産業医や健康管理スタッフに聞いてください」と伝えておくことが大切です。

問題解決手法については、事例をもとに演習やグループ討議を使うことが多いようです。事例を使った教育はメンタルヘルス教育以外でも受講者からは好評のようですが、事例選定から教育の進行など充分に練られた内容でないと意図したことが伝わらないといったことになります。現実に直面する事例は、教育の演習やグループ討議で登場する事例とは異なりますので、柔軟な対応が必要なことを強調しておくことも必要です。

ウ．ラインケア教育の対象者

ラインケア教育は、管理職のみが対象でなく、幅広く従業員に実施する方がいいでしょう。ラインでのケアは、上下関係だけでできるものではなく、職場内の人間関係の中で縦横に行う必要があるからです。対象者が増えると実施に時間が掛かりますが、順次実施することは可能なはずです。

また、一度の教育だけで、理解でき、的確な対応に結び付けることは難しい面があります。繰り返し実施することも考えておきたいと思います。数年単位で考えればいいでしょう。1回の教育の時間は短めにして、数年毎に繰り返して実施した方が、長い目で見れば事業場の風土を良くしていくという意味でも効果的でしょう。

エ．　他部門のマネジメント教育との連携

健康管理部門が行うメンタルヘルス教育で、職場のメンタルヘルスの問題をすべて解決することはできません。メンタルヘルス不調の原因が職場のマネジメントに関わるものが少なくありません。人事部門などでも「職場での業務管理、労務管理」などの教育を行っているはずですので、内容を確認し、メンタルヘルスケア関連の教育として一貫性を持たせるようにしたいものです。

⑸　休職や復職への対応

ア．休職を選択する

メンタルヘルス不調の場合には、一定期間休職して療養することが必要となる場合が少なくありません。本人としては、残っている有給休暇日数、休職可能期間、休職中の給与の取扱い、健康保険組合からの療養給付金などを把握しておくことになります。従業員の多くは、有給休暇が無くなった場合にどうなるなどは詳しく知らないことが多くあります。有給休暇が残り少ないがために主治医からの自宅療養が必要だとの診断を受け入れないこともあります。適切な治療（療養）に結び付けるためには、事業場の人事制度（就業規則）を本人に説明することが必要なこともあり、産業医の仕事とは言い難いですが、現実の対応として想定しておいてください。細部については、人事部門と連携して対応することになります。

イ．復職に関わる

事業場によって違いはあると思いますが、休職していた従業員からの復職の申し出は、心身の状態の回復について主治医から確認を受けた上で、事業場に申し出ることにしておく必要があるでしょう。

このような仕組みの中で、産業医が主治医の判断を確認して、本人と面談して、不明なことや復職に関する懸念があれば主治医に確認することになります。産業医としての復職の判断は、従業員の職場や仕事の内容を十分に把握した上でのことになり、職場上司や人事部門などからも情報を得て、検討することが欠かせません。

休職に至ったメンタルヘルス不調の原因などを再確認して、復職後に再度休職するようなことがないようにするための検討も必要です。産業医が一人で考えるのではなく、従業員本人や職場上司などと面接を繰り返すなどして見出していくことになります。休職理由が「なんとなく調子が悪くなりました」、復職理由が「体調が回復しましたので、また頑張ります」という従業員本人の言葉だけでの判断にならないようにすることが大切です。再度の休職に結び付く可能性が高くなります。従業員本人がメンタルヘルス不調で休職に至った分岐点（状況、事件、きっかけなど）や繰り返して不調になったときの対応策を理解しておくようにすることも必要です。

仕事への適応性や能力について問題（不適合）がある場合も少なくありません。ここに問題がある場合は、休職して加療や自宅療養しても改善するものではありません。このような状態が見られる場合は、職場上司や人事部門も同じ認識を持たなければ復帰もうまくいかないことが多くなります。産業医からなかなか言い出しにくい面がありますが、従業員本人にとっても事業場にとっても長い目で見て最善の対応に結び付けたいという思いをもって対応することになります。ただし、このような判断に基づく対応が、何らかのハラスメントと認識されないようにすることも必要です。

前述したとおり、メンタルヘルス不調の背景に、家庭内の問題や職務適性などがあることも少なくありませんので、このようなことが考えられる場合も、産業医だけで対応するのではなく、職場上司や人事部門につないで対応することが必要です。産業医一人で問題を抱え込んでしまう対応は好ましくありません。

ウ．復職支援の制度

復職時には、リハビリ出勤制度を設けたり、リワークなどを利用している事業場もあります。リハビリ出勤制度は、徐々に負荷を増やしながら完全に復帰するまで設計ができるというメリットがありますが、リハビリという認識になってしまい判断の甘さ（「キチンとできなくても仕方ない」などの見方）に結び付きやすい点は十分注意する必要があります。リワークは、施設によっての良し悪しもかなり大きいと聞きます。これらの制度はメリット・デメリットを頭に入れながら、その利用について随時の評価と見直しが必要だと思います。事業場内関係部門とも情報を共有して運用してください。

復職は、事業場の制度を踏まえての支援が大切だと考えます。制度の中でうまく復帰させ、うまく順応していくように持っていくという視点が、産業医に求められていると考えてもいいでしょう。制度（勤務制度などのルール）を守らない対応は、結果として従業員本人と職場モラルの低下につながります。産業医だけでなく人事部門を含めた関係者も忘れてはならないことだと強く感じます。

エ．制度をつくる

休職と復職については、人事制度上の問題でもあり、従業員（労働組合）の合意も必要で、事業場の就業規則（労働基準監督署にも届け出がされている）に定めがあるはずです。一度確認しておいてください。ただし、細かい手続きや関係様式、主治医と産業医の関係、復職の判断、復職後の職場対応などについては、就業規則では定められていないはずです。複雑な権利義務関係なども絡みますので、健康管理に関わる規程や基準として定めておくことが必要でしょう。衛生管理者や人事部門などの事業場関係者と十分相談して作ってもらい、安全衛生委員会でも検討して制定し、全従業員に周知させるようにすることが欠かせません。

(6) 産業医として関わる個別対応

産業医研修会などでメンタルヘルス対応について学んでいるものの、精神科経験がない産業医は個別対応に対して不安を覚えがちだと思います。事業場のスタッフ体制、近隣の医療事情、会社風土などのさまざまな周辺事情により、産業医が対応する範囲が異なりますが、現実には、産業医が個別対応を行うことが少なくありません。個別対応でのさまざまな事例を経験することを通して、メンタルヘルス事例も他のフィジカル面の事例と同様、産業医は主治医と本人および職場（または業務）の間を取り持つコーディネーターとしての役割だということに気付いていくと思います。このようなことを通して、個別対応への産業医の関わりの重要性がわかってきます。メンタルヘルスの個別対応に対する産業医への期待が高い事業場が多いのも事実です。事業場や職場の実態と従業員の働く姿を実際の現場で自分の目で把握しているのは、主治医ではなく産業医になります。必要な場合に、事業場外の精神科専門医のアドバイスやサポートを受けながら、産業医が対応することがベストなのでしょう。連携できる精神科専門医も見つけておきたいと思います。

≪エピソードS≫

メンタルヘルス不調者に対する個別対応に取り組み始めて間もない頃に、休職中の従業員の復職を考えたときのことです。従来の業務に復職することにより、体調の変動が大きくなることが予想され、復職の判断を延期せざるを得ないケースがありました。職場経験30年の現業業務の従業員で、私自身も「休職前の業務に戻ることが原則」という意識が強く、本人もそれを強く望んでいると感じていました。所属の上司に現状を伝え、頻回に相談を重ねた結果、現業の第一線での業務を少し引いて、間接的な管理業務での復帰をすることになりました。本人は、その話を聞いたときにかなりショックを受けていましたが、復帰後の面接時には、「従来業務はかなり体力的にきつく精神的にもきつかった」という話があり、その後は再発することもなく勤務を続けることになりました。最近は、本人から配置転換を言い出すケースが多くなっていますが、以前は、「周囲からの目」などを理由に配置転換に対して拒否されることがあり、説得に苦労することが多かったことを思い出します。

(7) 顧問精神科医との連携

この名称は筆者が仮に付けたもので、メンタルヘルス専門に事業場の支援に関わる業務をしている精神科専門の医師のことです。嘱託産業医で時間的にメンタルヘルス不調者への対応が困難な場合や専属産業医であってもメンタルヘルス関係が不得手な場合などに契約している事業場が多いようです。産業医ではなかなかはっきりと言えないことを従業員本人などに的確に指摘してもらえるメリットは強く感じられますが、患者を診る臨床医のスタンスだけでの対応になってしまって、復職等が遠のいてしまっているケースも散見されるようです。

産業医資格を有する精神科専門の医師は、事業場の（嘱託）産業医の一員として選任して、判断や指導を分担することが望ましいと思います。産業医資格のない精神科専門の医師の場合は、あくまでも事業場の産業医にアドバイスをするという位置付けで考えておくべきでしょう。事業場が良かれと思って契約をしても、産業医との関係が不明確だと、事業場の健康管理が混乱したりする可能性もあります。復職関係の対応はあくまでも産業医が中心に実施するといったことを明確にしておくことが必要だと考えます。

⑻ ハラスメント

セクハラ、パワハラ、○○ハラ、・・とさまざまなハラスメントが注目されています。ハラスメントの結果としてメンタルヘルスやストレスの問題が生じることがあることは周知のとおりです。英語としてのハラスメントは、「嫌がらせ」「いじめ」「迷惑行為」ということになりますが、職場のハラスメントはもっと広い概念で使われています。ハラスメントの対応は、法令（男女雇用機会均等法など）でも対策が求められており、厚生労働省なども多くの関係資料や啓発文書をホームページに掲載していますので、必要に応じて確認してください。

ハラスメントは、人としての尊厳を傷つけることになり、個別の問題として注目されがちですが、職場全体の問題であることが多いようです。傷ついた従業員という個人の問題ではなく、前述した職場マネジメントの問題で、その職場の生産性や仕事の質にも悪い影響を及ぼしていることが多いと思います。パワーハラスメントなどは、強い力（ある意味の権力）を行使することがいい業績などに結び付くと信じている従業員（管理監督者など）の考え方に起因していることがあり、職場マネジメントに課題があると考えた方が解決への近道になると思います。強制力（ハラスメントをしたら処罰するなど）だけで解決するとも思えません。産業医の冷静な視点で考え、関係者へのアドバイスにつなげてください。

9. 長時間労働対応の考え方

長時間勤務者の面接は、産業医になって最初に行う業務になる可能性があります。面接の回数を重ねるごとに産業医が面接する意義を見失いがちな業務になってしまうこともあります。産業医として気を付けたいことに絞って考えてみます。

(1) 過重労働対策に関する歴史

過重労働対策は、長時間勤務による場合を中心として業務起因の脳・心臓疾患の労災認定基準が設けられ、かたや「過労死」対策としての社会的な要請の高まりを受けて、医学的なエビデンスが充分でない状況下で生まれた概念で、日本固有のものになります。2002年に厚生労働省から「過重労働による健康障害防止のための総合対策」が示され、2006年の労働安全衛生法改正により、長時間労働を行った労働者に対する医師の面接が事業者に義務付けられました。2011年には「心理的負荷による精神障害の認定基準について」が提示され、強い心理的負荷による精神障害も未然に防止するという観点で、脳・心臓疾患とメンタルヘルスに関するチェックを医師が行うことになりました。2014年には過労死等防止対策推進法も制定され、国としての過労死等に関する調査研究や過労死等の防止のための対策を推進することが明記されました。2018年に「働き方改革」に関する法令（働き方改革を推進するための関係法律の整備に関する法律。この法律により労働基準法や労働安全衛生法などの関係法令が改正された）が制定され、長時間勤務に関する対応が変わりました。医師による面接の対象が一部変更され、産業医の役割が広がり、責任も重くなりました。長時間勤務そのものが減り、過重労働による健康の問題が減少することが期待されていますが、長時間勤務に関してすべての課題が解決されて産業医の出番がなくなるということはないでしょう。

⑵　医師による面接と産業医による面接

ア．産業医が面接をすることのメリット

法令では、「医師」が面接をすることになっていますが、実際には「産業医」の業務になっていることが大半だと思います。面接対象者は、法令で一定の時間要件などが示され、かつ、本人の意思がある場合に限定されています（新技術・新商品等の研究開発業務は本人の意思にかかわらず面接対象になります）。法令通りの基準の事業場もあれば、独自の基準を設けて法令以上の対応を行っている事業場もあります。独自の基準を設けて幅広に面接を行っている事業場では、産業医が医師として長時間勤務者の面接を行うことにより疲弊しているということをしばしば耳にします。そこでは何が起こっているのでしょうか。

産業医がこの面接を行うメリットは、従業員が話しやすく、産業医も会社の状況や個人事情にも精通していて適切なアドバイスが可能であることがあると思います。面接結果による事後措置についても、事業者に対して会社状況を踏まえた上での対応を求めることができることや安全衛生委員会でも自分の言葉で意見を言えることなどが挙げられます。産業医でない事業場外の医師の面接では、どんなに会社情報を伝えたとしても、状況にあった指導は容易ではなく、「時間外勤務の削減」というほぼ一律の指導が限界だと思われます。このような状況から「産業医」による面接を事業場が求めていると思いますが、このメリットが本当に活かせているかが問題です。

イ．産業医が面接することのデメリット

産業医が行うことのデメリットもあります。会社の状況がわかればわかるだけ、産業医が会社に忖度(そんたく)してしまっている場合もあるのではないでしょうか。また、面接の対象者が固定化していることはないでしょうか。固定化した面接対象者に対する対応を含めて労働時間対策が行われないまま頻回の面接を実施しても、表面上の対応実績としては満足できることになったとしても、その実はマンネリ化して、次第に無味乾燥な面接になって、産業医も従業員もお互いが疲弊するということがあるようです。産業医が面接を行う場合は、そのメリットを出せるような取り組みが必要です。

⑶ 向かうべき方向

ア．意見を伝える

事業を行っている以上は、（法令の許す範囲での）一時的な勤務時間の増加は避けられないでしょう。それを時間外勤務不可で済ませられるのであれば何の問題も無く、産業医による面接も要りません。従業員にどのくらいの疲労が出てきているかは、複数の従業員の面接を行えば傾向も見えてきます。長時間の時間外勤務を行っている従業員が置かれている状況およびその後の見通しなどを面接で聞くことで、産業医ならではの意見を上司や人事部門に伝えることができると思います。

産業医が会社に気を遣って意見を言うことに躊躇したり、事業場関係者が産業医の意見を無視することがあるようでは、従業員にとっても産業医にとっても時間の無駄になってしまいます。そうならないためにも産業医は面接を通して従業員に寄り添い、かつ、会社状況を見ながら適切な意見を言えるように経験を積んでいく必要があると思います。「事業者に対し、労働者の健康管理等について必要な勧告をすることができる」（労働安全衛生法第13条）という法令の規定はありますが、会社（事業場）と闘うということではなく、課題を関係者間で共有して解決を図るということです。

イ．根本的なところにも目を向けて

過重労働対策は、そもそもは業務管理の問題であり就業管理（労務管理）の問題です。ノー残業デー、有給休暇取得目標日数などをよく耳にしますし、安全衛生委員会でも実績報告がされたりしますが実際の効果はどうでしょうか。疲労回復対策についての短期的な対策としては否定しませんが、そもそもの業務の仕方（会議方法、業務管理方法などを含めて）の見直しや業務量のコントロール（業務分担、過剰な資料作成や報告業務の見直し、効率的なシステムの導入など）などをしないままに休暇取得の推奨などをするだけでは根本的な解決にはならないと思います。面接の常連になっている従業員との会話は結局これに終始します。産業医としては個々の健康リスクとその事後措置で終わるのでなく、その事業場の業務の仕方をより良い方向に見直すことなどにも良い影響を与えられるようになりたいと思います。

《エピソードS》

面接対象者を選定する際に、事業場の全員の時間外労働時間のリストを確認していたことがあります。単月では事業場基準を超えないのですが、数か月も面接基準時間近くの（ギリギリの）時間外労働を継続している従業員が多くみられました。本来は対象外になる、その従業員とあえて面接を行ってみるとさまざまな声を聞くことができ、産業医として面接をしてよかったと思ったことが多かったという印象があります。内容はあえてここには書かないことにしておきます。

10. 多様化への対応

多様な従業員が、さまざまな雇用形態や就労形態で働くことが当たり前になってきています。その多様性は健康管理上の問題の多様性にも結び付きます。健康管理については、全体へのバランスを考えながら、多様化がさらに進んでいく状況を想定して対応していく必要があります。対応の柔軟性も求められるでしょう。多様性への対応を考えるときの留意点など取り上げてみたいと思います。

(1) いわゆる非正規雇用

「非正規」といっても事業場で仕事をしていることに変わりはありません。産業医として、正規と非正規を線引きして健康管理をすることにはならないでしょう。

ア．派遣労働者

派遣労働者は、派遣元と雇用契約を結んでいますので少し複雑ですが、安全衛生関係の法令上の対応は、細部まで決められています。大まかに言えば、派遣先（事業場）に関わる（起因する）安全衛生管理（例えば特殊健康診断）は派遣先で実施し、その他（例えば一般定期健康診断）は派遣元で実施することになります。派遣契約での取り決めによって多少の違いがあります。詳細を知る必要があれば、労働者派遣法（労働者派遣事業の適正な運営の確保及び派遣労働者の保護等に関する法律）や派遣契約で確認（人事部門などに確認）してください。派遣元の健康管理レベルはさまざまで、場合によっては派遣元への要請が必要となることもあります。

イ．パート勤務従業員

短時間就業者（パート従業員）については、法令上は「正規」従業員（常勤従業員）と全く同じ扱いです。労働安全衛生法（労働基準法）で定義されている労働者は「事業又は事務所に使用される者で、賃金を支払われる者」です。現実には、健康管理に関しては雇用契約との関係で対応が変わることもあると思われます。事業場の人事部門などに確認しながら進めることが必要なこともあります。

⑵　交替制勤務で働く

夜勤を含む交替制勤務は、多くの事業場で採用され、多くの女性も従事しています。事業場に交替制勤務はないでしょうか。夜勤を中心に勤務するという体制の事業場もあります。

ア．夜勤勤務に対する考え方

夜勤は、人間の自然な生理機能に逆らったリズムでの就労と睡眠を行うことになり、身体的、心理的および社会的な問題が生じるとの研究報告があります。現実には、交替制勤務に従事している従業員が健康障害を訴えることは稀ですが、本人の努力で順応していると考えた方がいいでしょう。健康診断結果では、交替制勤務者と常昼勤務者の差が単年では明確になりにくいことや、逆に常昼勤務者の方が健康状態が悪いという結果になってしまうこともあります。産業医として、安易な判断は避けたいと思います。

イ．健康教育をする

交替制勤務による健康影響を少なくするためには、教育などにより健康管理面で気を付けるべきことを伝えることが重要です。交替制勤務に従事する従業員や関係する管理監督者に、健康影響の可能性を伝えるとともに、睡眠や食事に関する注意事項などを伝えます。社会活動や文化活動などの時間に制約ができることや家族や友人との交流が取りづらくなる点などのデメリットもあります。特に初めて交替制勤務に就く従業員には、順応のためのアドバイスが欠かせません。平日の昼間に自由な時間が取れることなどのメリットも伝えながら、留意点を伝えるようにすると良いと思います。

ウ．交替制勤務への順応

交替制勤務に就いてから1年くらい経っても順応できないという従業員がいます。退職に結び付く場合もありますので、産業医としては健康診断などを利用して交替制勤務への順応ができているかの確認をしておきたいと思います。人事部門などが窓口となって対応する方がいいこともあります。

また、若い従業員が、交替制勤務への順応ができにくいと感じやすいタイミングは、結婚して子どもが誕生する頃が多いように感じます。自分の問題というよりは、家族との関わりの問題が大きいようです。家庭内での生活リズムのすれ違いを感じることになります。解決方法は、家庭ごとに異なると思いますが、このような悩みを聞く相談窓口のような機能を健康管理部門が担うことも必要かもしれません。

交替制勤務に長く従事していても、50歳代になると身体的愁訴が増える傾向がみられます。このような場合に交替制勤務から外れることを申し出るように本人に勧めても納得しないことが多いとの印象があります。ここには慣れ親しんだ職場からの離脱への不安があるようです。

エ．夜勤勤務者の健康診断

夜勤を含む交替制勤務者が対象の健康診断として、定期健康診断や特定業務従事者健康診断のほかに、自主的に健康診断を受診する制度（自発的健康診断）が法令で規定されています。健康診断で、交替制勤務から外さねばならないような所見が見つかることは滅多にありませんが、関連するさまざまな愁訴の場合は、どう判断してよいかは断定的に言えません。産業医として悩ましいところです。事業場内の関係部門とも相談しながら適切な対応を選択することになります。

(3) 女性が活躍する職場

女性が男性と分け隔てなく働けるようにすることは当たり前です。しかし、生物学的な性差は無視することはできない問題です。例えば、妊娠は病気ではありませんが、通常の健康状態とは異なる時間が続き、相応の健康管理などが事業場として必要になります。

ア．安心して働けるように

法令では、女性の坑内作業、重量物取扱い作業、電離放射線作業などへの従事制限がありますが、法令の規定の範囲だけでなく、個別に作業（負荷）への配慮が必要な場合もあります。男性が中心だった職場で女性が働くことになった場合は、月経時や月経前後の体調不良を始めとした男性では気付きにくい問題もあります。事業場として女性の声を聞いて対応することが必要で、産業医の立場でのアドバイスも必要です。生理休暇のように制度的に明確にして、その運用がしやすい環境にしておくことも欠かせません。産業医巡視などで、「この職場で女性が仕事をするとしたら」という視点で職場や作業を見ておくと、具体的な対応が必要なときに役に立つでしょう。現業系の職場で女性が活躍できるようにするためには、男女の身体面の違い（身長などのサイズや筋力の違い）を考慮した作業環境や道具・工具、保護具などの面での工夫も必要です。

イ．懐妊時の対応

妊娠時には、危険有害業務等への従事制限だけでなく、母子健康管理に関する対応も必要になります。関係する法令もありますので、確認しておく必要があります。注意が必要なことは、妊娠に関わる就業上の配慮などは本人からの申し出があって始まるということです。事業場として手続などを規定しておくことが必要ですし、申し出がしやすい環境を作っておくことも必要でしょう。「母性健康管理指導事項連絡カード」もありますので、その活用方法を周知させておくことも1つの方法になります。

ウ．女性が活躍できる職場

不妊症治療の取扱いや女性のガン検診などの検討が充分にされていない事業場もあると思いますが、事業場としての対応を検討しておくことが必要でしょう。

これらのことへの対応を含めて、女性が健康管理上の問題を相談しやすい体制についての工夫も必要でしょう。女性固有の課題を踏まえて健康面で積極的にサポートするという会社もあります。産業医がイニシアティブをとって対応できるといいと考えます。

(4) 働き続ける

日本人の平均寿命が伸びるとともに、健康寿命も伸びて平均寿命との差は小さくなってきています。医療水準の向上、生活習慣の改善などの賜物であり喜ばしいことです。このような中で、元気なうちは働いてもらおう、元気なうちは働こうということになってきています。いわゆる高齢者就労が当たり前になってきています。

ア．高齢者就労の現場での課題

高齢者就労に伴う健康と安全についての課題があります。身体面の健康に関わる問題としては、脳心臓血管疾患や悪性腫瘍の増加などが考えられます。脳心臓血管疾患は減少傾向がみられますが、悪性腫瘍は増加傾向にあります。事業場としてガン検診のあり方を見直すことが必要かもしれません。

認知機能の低下などはどう考えるのでしょう。例えば「○○しながら動作」が苦手になってくると言われています。年齢に関係なく「ながら作業」は労働災害の原因の一つと言われていますが、現実には、先を読み、複数の注意事項を意識しながら作業を行うことが必要です。年齢を重ねると、長年の間に習熟した作業では対応が可能でも、新たな作業では対応が難しいことが多いようです。個人差も大きくなります。

イ．高齢者が活躍する

加齢による機能変化の個人差は大きいと言われていますが、高齢者の就労が増えていく中で真正面から取り組むべき課題だと思います。身体機能については、機能低下をできるだけ防ぐ（発現を遅らせる）ことと、機能低下をしても効率的に安全に仕事ができるように工夫をすることが求められます。産業医としても積極的に関わっていく必要があるのではないでしょうか。作業や作業環境に関しては、加齢に伴う機能の低下に対応したハード対策を進めることが必要でしょう。例えば、転倒防止対策では段差の見える化、通路面の滑らないものへの変更などが考えられます。

加齢に伴う主な機能変化は次のとおりです。

《加齢に伴う機能の低下》

・目の調節機能（老眼）　・動体視力　・明暗順応力
・聴力（特に高音域）　・反応時間
・筋力（特に下肢筋力）　・重心の不安定化　・短期記憶力
・認知機能

高齢者就労に伴う負の面を取り上げてきましたが、年を重ねるとともに経験に基づく総合的判断力を身に付ける人も多い、多くの課題を乗り越えてきた技能の伝承が期待される、就労によって（離職するよりも）健康を維持することにつながる、ミクロ・マクロの経済的な貢献があるなど、社会や事業場にとってプラスになる面があるとの認識も必要でしょう。高齢者就労が当たり前の時代にふさわしい健康管理のあり方について産業医の果たす役割は大きいと思います。高齢者に対する対策というよりも、「誰もが高齢になっていくことに備える」という発想で、事業場の取り組みをリードするといいでしょう。

(5) 障害者も共に働く

ア．基本的な考え方

障害者雇用率が少しずつ上がってきています。従来は身体障害者の雇用が中心の事業場が多かったと思いますが、精神障害、知的障害、認知障害のある従業員の雇用も広がっていきますし、積極的にその能力を活かしていこうという事業場も増えてきています。障害者雇用が当たり前になり、事業場としての対応も円滑にできるようになってきていると思います。一方で、産業医としてメンタルヘルスやハラスメント事例として対応している従業員が、障害者雇用であることが後でわかるケースもあります。見た目では障害に気付きにくい従業員も多く、普通に働けている証拠でもあるのですが、前述の事例などでは、障害を理解しての配慮ができていなかったということになります。採用段階で障害状況の把握が不充分で、職場も障害のことを正しく理解できていないために、不適切な対応になってしまっていたというケースです。配属先に関する検討、就業上の配慮、配属先職場の理解に関しての事業場としての対応も必要ですし、産業医としてアドバイスが必要なことも多いと思います。

イ．特例子会社に関わる

特例子会社（法定の障害者雇用率をグループ会社を含めて達成するために、障害者の能力を発揮しやすい事業を行うために設立された会社）を作っている企業も増えていますが、このような会社は明確な目的があって設立された会社なので障害者雇用に関する知識、経験も充分備わっていることが多いようです。障害を持つ従業員を大切にすればするほど、家庭の問題にも関わらざるを得ないケースもあるようで、管理監督者（指導員）の負荷が大きいこともあります。このような面でも産業医が関わっていく（支援する）ことが求められることがあります。

(6) 身近になった外国人従業員

ア．違いを前提に考える

外国人就労者の雇用形態・就労形態はさまざまですが、労働安全衛生法の関係では日本人と同じ健康管理を行う対象です。ただし、育った環境や国民性も異なりますので、同じように内容を伝えたとしても理解は異なることがあります。対象となる従業員を取り巻く足元の事情に加えて、その国民性やお国事情などの情報を入手して、可能な範囲でそれを踏まえての丁寧な対応ができるといいでしょう。これらの情報収集は、以前に比べて容易になっています。情報源として外務省ホームページなどもとても参考になります。

《エピソードS》

以前の外国人従業員の困った事例としては、関係会社の健康診断で問診（どうして自分の嗜好を言わねばならないのか、何に使うのかなど）や採血（やったことがないので怖い、どうして提供しなければならないのかなど）などを頑なに拒否されて所属会社の人事部門と相談したケースもありました。国民性と一律に決めつけるのではなく、個人差も大きい（例えば、日本人であってもいろいろな考えの人がいる）ことを忘れないことも大切です。

イ．丁寧な教育と指導

安全衛生教育も日本人の従業員と同じレベルで行うことが必要です。有害業務についての感度（警戒心）は高いこともありますので、より丁寧に行うべきだと思います。関係する会社の外国人従業員が、規格外の（性能が保証されていない）保護具を安価で買ってきて使用している姿を見掛けたこともあります。保護具を従業員が自分で調達することがある事業場では、必要な性能を具備した物を使用させるということの徹底も必要でしょう。

ウ．言葉の壁を取り払う努力

外国人就労の関係で最も重要なことは「言葉」の問題だと思います。ある程度の日本語を話す従業員は多いと思いますが、安全衛生教育を日本語でされても、理解するのはかなり難しいようです。健康教育でも同じでしょう。理論などはなるだけ簡略化し、知っておいてほしいことや実行してほしいことが明確にわかるように説明することが必要です。英語または対象言語（母国語）で作成した資料を配布するなどということも必要です。資料はプロの翻訳家に依頼して作ってもいいですが、プロの翻訳家でも日本語の安全衛生用語が正しく翻訳できるとはかぎりませんので、職場で業務上の通訳などをしている人と協力して作成した方がよい場合もあります。市販のテキストを活用できることもあります。わかり易く、確実に伝えることが重要です。

体調不良などの訴えへの対応も考えておく必要があります。英語でもなかなか通じないこともあります。スマートフォンアプリや小型の翻訳機などかなり性能のよい翻訳機能のあるものが安価で入手できますし、インターネットなどを通して利用できる通訳専門機関を活用することもできます。必要に応じて準備しておくとよいでしょう。

⑺　治療と就業の両立支援

ア．基本的な理解

治療を行いながら就労することも当然の時代になりました。この両立を支援する体制づくりは重要です。多くの企業で実施されている長期間（一定期間）の休職後に職場復帰する場合の対応と基本的には同じです。休職後の職場復帰に際して産業医が面接を行い、復帰可能の判断と共に就業上の配慮を判断していると思います。ただし、復帰後も化学療法による断続的な休暇取得などが予定されている場合や副作用によって休みが必要となること、治療の副作用の予測などが困難なケースが増えるということには注意が必要です。また、継続的な治療が必要であっても、入院（手術など）が短期間で必ずしも休職が伴わないことがあり、注意が必要です。産業医として、主治医や本人からの情報を得ながら、的確なサポートにつなげたいと思います。

イ．両立支援プランを活かす

事業場として産業医が中心になり、主治医に勤務情報を提供する一方、主治医より治療状況及び今後の予定などを含めた職場復帰の判断、就業上の注意事項を確認するなど、主治医の意見を踏まえて両立支援プラン／職場復帰支援プランを作成することになります。これらの情報のやり取りについては、使用様式などは厚生労働省の「事業場における治療と職業生活の両立支援のためのガイドライン」にある様式を使用すると円滑に対応できると思います。

このような対応は、従業員本人からの申告が起点になりますので、事業場としての制度を周知しておくことが必要です。併せて、行政による支援制度や利用可能な支援機関も紹介しておくといいでしょう。

両立支援プラン／職場復帰支援プランの作成に当たっては、事業場の就業規則などの規程の範囲でできる配慮を考えることが原則です。例外的対応を行う場合は、就業規則などの変更が必要だとの判断になることもありますが、この対応については、柔軟な運用ができるような規則にしておくことが必要かもしれません。産業医が自分で制度を作ったり、規程を作ったりするのではなく、人事部門などが産業医と相談しながら作ることが基本です。両立支援プランについて職場の管理監督者がその内容を正しく理解して職場で適用することが大切です。管理監督者に事例ごとの教育や指導を実施することも必要です。

III
もう一歩踏み込んで

1. 健康診断を活かす

「Ⅱ－3．健康診断の企画と運営」では、健康診断の全体像を摑むことを主として取り上げましたが、本章では、産業医が自らのスキルを高める機会としての健康診断の考え方や事後措置をはじめとした健康診断結果の活用について考えます。

(1) 経験してみる

ア．診察の実務を経験する

多くの医師は産業医になるまでに健診機関の診察医をしたことがあるのではないでしょうか。そのときは、どのような気持ちで診察医の業務をしていたのでしょう。臨床の診療業務とは異なり、さまざま仕事に従事している人たちと接することが楽しく感じられたという人もいれば、何もわからず朝から診察をやらされたなどと思っている人もいるかもしれません。産業医が健康診断（診察）を「医師」としていつも実施しなければならないということではありませんが、健康診断の結果を的確に判断するためには、診察の業務を経験しておくといいと思います。

イ．熟練の診察？

健康診断の「医師の診察」といっても、実際には何をするのかは非常に難しいところがあります。視診、触診、聴診、現病の治療状況の確認、既往歴、業務歴、現在の仕事の状況などたくさんの項目を確認する必要があります。受診する従業員も、1分でも早く帰りたいという人もいれば、周辺情報まで含めて知っている限りの情報を医師に話したい人、健康診断の機会に色々と医師に聞きたいと思って診察を受ける人などさまざまです。健康診断（特に健診機関による場合）では、時間の制約がありますので、診察が丁寧過ぎる医師は嫌われるようなこともあります。メリハリをつけてということなのですが、得意でない医師もいます。経験とともに手際よく熟練の診察をする医師もいます。産業医が診察に臨むときは「熟練の診察」を目指したいと思います。

限られた時間に何を把握するのか、外部委託する場合はどこまで求めるのかを決めるのは産業医として大切な判断になります。

ウ．読影などに関わる

診察以外にも胸部エックス線写真の読影や心電図判定についても自分でやってみることも大切です。胸部エックス線写真については、どこまでの変化を所見とするのか、ダブルチェックの重要性や落とし穴（ダブルチェックするということを知っているが故の読影の甘さ）に陥っていないかなどにも気を付けることになります。

心電図については自動解析機能が備わった心電計を用いることが多いのですが、その所見をどこまで採用するかも慎重に判断することが必要です。

エ．全体の流れを知る

実際の健康診断を実施しているときの流れを確認することを勧めます。手馴れた運営でスムーズに運営されていることもあれば、予想以上に受診者の渋滞が起こっていることもあります。スタッフ数の不足や過剰配置と思われるようなこともあります。これらのことは、受診者（従業員）などの満足度や運営コストにも跳ね返ってきます。産業医として、健康診断の運営を円滑に進めるマネジメントに関心を持っておきたいと思います。

(2) 健康診断の機会を活かす

ア．すべての従業員と接する機会

健康診断は、すべての従業員が対象になります。事業場の中で、毎年すべての従業員が一定の場所に集まり、すべての従業員に接することができる場は、健康診断以外にはないのではないでしょうか。となれば、この機会（タイミング）を健康管理などの安全衛生管理の指導（教育や啓発）の場として活かすことを考えてもいいと思います。衛生管理者などの関係者と相談して、検討してみてください。

イ．問診票などの活用

健康診断のときに、受診者に記入してもらう問診票を使うということがよく行われます。自覚症状や既往歴などに加えて、一般健康診断では生活習慣を記入項目にしていることも多いと思いますが、健康管理（施策）に関連したアンケートを行う貴重な機会にすることもでき、うまく活用したいと思います。

なお、問診票は少なくとも次の二つの意味で活用できるようにしたいと思います。一つは保健指導です。ありきたりの項目を確認してありきたりの指導をしても、受診者の生活の改善（行動変容）につながるのかは疑問です。保健指導での受診者の気付きを促すきっかけとなるような項目を検討してみてはどうでしょうか。毎年1～2項目ずつ差し替えるようなことがあってもよいと思います。

もう一つは、統計解析のためのデータとしての活用です。生活習慣と健康との関係について解析して、健康教育などに活用します。このためには、解析でき、かつ健康教育に活かせる設問が必要になります。多少の試行錯誤は許されると思いますので工夫してみてください。新たな知見が得られることもあります。ただし、問診票の質問項目数が多くなり過ぎたり、記入に時間が掛かり過ぎたりすることは適当ではありません。

ウ．記入方法の工夫

問診票は、受診者が手書きのことも多いと思いますが、スマホやタブレット入力などの方法を検討することも必要でしょう。もちろん入力されたデータの確認や活用（解析）もシステム的に処理しやすいということにもなります。事業場の中で、健康管理関連の効率化はあまり進んでいないことが多く、産業医がこのような面についてもリードしたいものです。

(3) 事後措置

ア．欠かせない事後措置

健康診断を実施しても従業員の健康状態の維持向上に活かされているとは限りません。厚生労働省が全産業を対象にまとめている健康診断結果の集計を見ると、有所見者の数は増え続けています。健康診断項目が充実されてきたり、従業員の年齢が高くなっていることもあると思われますが、健康診断が健康管理に十分活かされていないのではないかという見方もできます。健康診断を実施して、従業員の健康に結び付けるための事後措置が非常に重要です。

イ．事後措置を的確に

事後措置は、「有所見」の従業員に対して、就業上の措置を行うこと以外には、専門医療機関を紹介することや保健指導を行うことが主となります。保健指導は、保健師などがいれば活躍の場となります。産業医が保健指導の方法を体系的に学んでいることは稀で、保健師の方が長けていて的確な指導ができることもあるでしょう。法令では「医師又は保健師による保健指導を行うように努めなければならない」（労働安全衛生法第66条の7）と規定されていますが、保健指導の方法を勉強している看護師もいますので、保健指導を分担してもらうことが現実的なこともあります。また、栄養指導や運動指導に関しては、栄養士や運動指導士なども活躍できます。事業場の健康管理スタッフの体制と役割分担を考えて、最も効果的な方法で実施することになります。

なお、保健師などによる保健指導が、熱意のあまり感情的な指導になったり、過度に感情移入してしまったり、自分の興味本位の指導になっていないかなどへの注意も必要です。個人対個人での指導というよりも、産業医を中心にした健康管理組織としての指導であるという考え方を関係者で共有するとともに、一貫性のある指導ができるようにしておくことが必要です。

⑷　就業制限に結び付くこと

健康診断の結果、就業上の措置が必要との判断になることがあります。特殊健康診断の結果であれば、事業場として責任を持って対応することになりますが、一般健康診断の結果のこと（生活習慣病などによる）であれば、従業員個人の問題に対して事業場が安全配慮義務（健康配慮義務）を果たすという位置付けになります。この判断は広範囲に影響を及ぼします。当該の従業員が所属する職場にとっては、任せられる仕事の範囲が限定されて生産性が落ちてしまう可能性がありますし、従業員本人にとっては、時間外業務の制限や交代制勤務（深夜勤務を含む）の制限であれば、予定していた収入（手当）が減ることもあります。

だからといって、判定を甘くするということにはなりません。実施する業務の状況や負荷をよく確認して判断することに変わりはありませんが、このような場合には本人が納得するような丁寧な説明が必要になります。産業医が直接本人に説明することが多いと思われますが、必要に応じて職場上司や人事部門などにも説明が必要です。本人に説明するときに同席してもらうことが適当な場合もあります。「本人の健康のため」という当たり前の気持ちを強く持って臨むことが必要でしょう。

≪エピソードS≫

産業医を始めて間もない頃に、定期健康診断の結果で収縮期血圧が200mmHgに迫る従業員がいました。健康診断の問診時に直ぐに医療機関受診を勧めましたが、拒否されました。翌日にも、危険性を充分説明し「要治療」を指示しましたが、再び、拒否されてしまいましたので、本人に説明の上、上司にも来てもらい「血圧の改善がない状況では、交替制勤務、高所作業、運転作業などを禁止せざるを得ない」と伝えたところ、本人と上司の2人だけで別室で話し合いを続け、「1か月間は事務所での作業とし、本日から血圧治療を始めさせるので、1か月後に再度評価してほしい。」との話が出ました。1か月後には血圧はコントロールされつつあったので、2か月後には元の業務に戻し、無事に退職まで血圧による病気にもならずに勤め上げました。後日聞いた話ですが、そのときは、上司からかなり厳しく叱られたようです。退職時には「今は感謝している」とも言っていたようです。産業医がというよりも、上司を含めた職場が本人を救ったのだと思います。

(5) 健康診断結果を職場で活かす

ア．職場で的確な管理をする

事業場が従業員の健康管理に責任を持つ（安全配慮義務を果たす）ためには、情報が必要です。職場上司（管理監督者）が産業医から「この人は○○禁止」と就業制限という結果だけを言われても戸惑うでしょう。個人情報管理の問題もありますから、安易な対応はできませんが、事業場（職場の管理監督者）として必要な対応ができるようにしなければなりません。

望ましい方法は、前述しましたが、本人の了解の下に本人と職場上司（管理監督者）と一緒の場で就業上の措置に関する説明をすることでしょう。本人から職場上司に対して、自分の就業制限について説明させるという方法もあります。どちらにしても健康管理情報を職場でも管理し活用できるような仕掛けが必要です。

イ．コンセンサスの下で

どのような仕組みが良いかは、事業場の文化などによっても異なります。関係者と相談して制度（仕掛け）を作り、安全衛生委員会に付議して従業員の包括的な了解を得て進めることが大切です。事業場全体が健康管理に対して前向きな受け止めをしている場合は進めやすいと思います。いずれにしろ、従業員が十分にその趣旨を理解できるようにしておくことが前提になります。併せて、管理監督者が部下の健康管理について十分な理解を持ち、個人情報管理も含めて適切に対応できるように教育しておくことも欠かせません。

⑹ 特殊健康診断の結果を活かす

ア．有所見の原因を考える

特殊健康診断は、診察や検査データを用いて、有害要因へのばく露などを勘案して判断することが重要になります。例えば、有機溶剤の特殊健康診断として実施した尿蛋白検査で陽性となった場合に、有機溶剤による腎機能障害と直ぐに判断できるでしょうか。問診では当日の体調や現病歴などの確認を行っており、他の疾患等を疑うことが多いと思います。そもそも特殊健康診断は決まった有害因子へのばく露による影響をみているものであり、有害要因へのばく露がほとんどないのであれば、有機溶剤の影響は多くの場合否定できるでしょう。大事なことはばく露状況になります。ただし、一部の有機溶剤特殊健康診断の検査項目になっている尿中代謝物（特に尿中馬尿酸）は半減期が短く、当日や前日のばく露状況が大きく影響しますし、果実や飲料水等に含まれる安息香酸の影響による疑陽性もあります。検査前日および当日の作業状況や飲食に関する注意事項の順守状況などを確認した上で、判断することが必要です。

イ．長期的なばく露状況の把握など

鉛や特定化学物質をはじめ、長期ばく露の評価を含めて考えなければならない粉じんや騒音など、すべての特殊健康診断で、ばく露状況の把握が結果判定には欠かせません。健康診断時の診察だけでばく露状況などの調査をすることは容易でなく、作業状況もイメージできないことが多いと思います。産業医が自分で該当する有害要因へのばく露評価をすることは容易でありませんので、衛生管理者、管理監督者、健康管理スタッフなどと連携して情報を得ることが大切です。

なお、特殊健康診断結果において、所見を認め業務起因性が疑われる場合には、外部の専門医に相談したり、最終的な診断を委ねた方がよいこともあります。産業医の役割は、自分で最終診断するのではなく、専門家に準じた眼で「疑い」を見つけ出すことだと考えてもいいと思います。

ウ．事業場としての対応

いずれにしろ、特殊健康診断で業務に起因すると考えられる所見があれば、事業場としての対応が必要になります。調査をしたり、作業環境や作業方法の改善をしたりすることになります。有害要因による影響は、一般的には「一人」にとどまることは稀です。多くの場合、作業環境や作業方法に起因するのですから、同じ職場で働く従業員に特殊健康診断での所見が見られなくても、影響が及んでいると考えるべきです。単なる健康診断結果として事業場関係者に伝えるのではなく、問題解決につなげることが産業医の重要な役割です。

エ．労災の可能性と対応

また、業務起因性が認められ、労災適用（労災補償）の対象となる場合は、療養（治療）する時点か、退職や休業する時点で労災申請に結び付けることになります。どのような補償の対象になるかで、申請のタイミングが異なります。労災申請はあくまでも個人の申請ですが、申請する場合は支援を行うことも必要になります。このような対応は、産業医としてではなく、事業場としての対応になります。労災申請をしても認定されるかどうかは行政の判断になり、会社や産業医が判断するものではないことを本人にきちんと伝えておくことも大切です。産業医が労災だと断定することをしてはいけません。あとでトラブルの原因になることもあります。

オ．退職者の健康診断

有害要因にばく露した従業員への健康影響は、本人在職中は特殊健康診断などで健康影響を確認しますが、退職後は確認することができません。長期的な健康状況の確認が必要な有害要因に関しては、退職後の健康影響を確認する手段として、健康管理手帳の交付（労働安全衛生法第67条）という制度が法令で規定されています。対象者は法令で定められており、退職後も国の費用で健康診断を受診できます。例えば、粉じん作業に関してはじん肺管理区分が区分2または区分3の従業員が対象になりますし、石綿や1·2-ジクロロプロパンなどを一定期間以上取り扱った場合なども対象になります。健康管理手帳交付の対象になる従業員がいる場合は、手続き漏れがないように事業場の退職手続きの一環として位置付けるように事業場の関係部門と調整しておくといいでしょう。

カ．退職者などからの問い合わせ

石綿による健康障害（胸膜中皮腫、肺ガンなど）は、2005年に注目されて以降、労災認定の基準見直しなどさまざまな制度の変更もあり、すでに退職した従業員からの問い合わせなどが事業場に寄せられることがあります。産業医に直接問い合わせが来る可能性もあります。石綿に関しては、行政からの通知などもわかりやすくなっていますので、どのような制度があるのかは概要を把握しておくといいでしょう。ただし、基本的には産業医として対応することではなく、事業場の担当部門（人事部門などの退職者管理を担当する部門）につなぐことになります。事業場内で確認しておいてください。

ないことを願いますが、現時点で明らかになっていない化学物質の健康影響が時間が経ってから顕在化する可能性はあります。産業医としては最新の知見に対してもアンテナを張っておく必要があります。

⑺ 健康診断結果についての意見聴取

法令では、事業者は健康診断の結果について医師から意見の聴取を行うことになっています。健診機関に健康診断を委託している場合は、産業医が事業場の健康診断の業務を所管している立場で、健診機関（の医師）から意見を聞くということになることが多いと思います。健診機関から得た情報や意見を、事業場として対応すべきことがあると産業医として判断したことを含めて、衛生管理者などの事業場関係者に伝えることになります。このときに、一次予防に結び付けるという視点で、健康管理施策（健康保持増進や作業・作業環境対策など）についての意見もあわせて伝える（検討する）といいでしょう。なお、健康診断結果のデータを整理して（できれば時系列に整理したり、シミュレーション結果を加えるなどして）提示して説明することができれば、関係者の理解を得やすくなります。

⑻ 従業員家族とのつながり

健康診断の関係で、従業員家族と接触するのは、海外派遣者が家族を同行するときぐらいだと思いますが、従業員からの個別の相談で関わりを持つこともあります。家族から相談があるケースもありますが、深刻な問題のことが多いと思います。従業員の業務に支障を来し兼ねないような相談が持ち込まれることも考えられます。この場合、家庭問題ということで全く対応しないことにはならないでしょう。一方で、すべての対応を産業医が行うのは現実的でなく、上司、人事部門、労働組合、健康保険組合、医療機関、行政機関などにつなげるコーディネーター的な役割が求められると考えておくといいでしょう。

2. 健康状態のデータとしての把握

統計を身近に感じる産業医もいれば、苦手意識を持っている産業医もいると思います。事業場の健康管理を的確に進めるためには、事業場の状況についてできるだけ客観的に把握することが欠かせません。現状の取り組みを続けるのか、取り組みの方向を変えるのかの判断をするためにデータの整理をすることになります。データは数値データ（統計）だけでなく、言語データや、文章になった資料なども含めて考えた方がよいこともあります。事業場の健康管理は、個々の従業員への対応という視点にとどまることなく、事業場全体（あるいは職場単位）のデータを整理して事業場関係者と健康管理の実態や将来予想を共有し、必要な施策に結び付けることが求められます。

事業場には、従業員の健康状態の把握の材料となるデータが何らかの形で蓄積されているはずです。これらの使い方と、今後のためにどのように情報を集めておくといいかなどについて考えていきます。

≪エピソードS≫

統計の得手不得手は、学会発表や論文作成等の経験に影響されていることが大きいと思います。私自身も苦手意識があり、学会発表前には統計関連の本を読むということを繰り返していたと思います。それでは、産業医として事業場で健康管理の仕事をしていくに当たり、どのくらいの統計の知識や統計処理能力が求められているのでしょうか。多変量解析をして事業場関係者に示してもほぼ理解されることはなく、単変量解析（t検定、χ2乗検定など）の結果に対しても「これなんのことですか？」「難しいですね」ということになってしまうことがありました。事業場の健康管理では決して難しい統計処理などが求められているのではなく、わかりやすく納得感のあるデータ（根拠）が求められているのだと思いました。

(1) 既存データで全体像を摑む

ア．従業員の年齢分布

健康管理状況の解析には、事業場の従業員の年齢分布が必要です。1-2歳ピッチのヒストグラムを書けば、年齢構成が一目でわかります。男女別の整理や職種別・雇用形態別の整理が必要なことも多いと思います。基礎データは人事部門などに頼んで入手できるはずです。多くの事業場では、年齢構成に何らかの偏りがみられます。そこには会社の経営課題や社会情勢が反映されているのでしょう。自分で原因を推定するだけでなく、人事部門などに聞いてみると、背景となった状況なども理解できるはずです。従業員それぞれの世代の特徴を知るきっかけにもなるでしょう。

把握した年齢構成から、40-50歳代が多ければ、いわゆる生活習慣病予防、20-30歳代が多ければ、生活習慣改善やメンタルヘルスなどが健康管理の中で大きなウェイトを占めそうだということが見えてきます。特定の年齢層が少なければ、世代間ギャップが職場内で問題になっている可能性がある、60歳代前後が多ければこれから高齢者就労問題が重要課題としてなってくるかもしれない、などと予想ができます。年齢構成の情報をベースに、健康管理情報を見ていくことが大切です。また、併せて人事施策の方向などを人事部門に確認しておくことも重要です。採用計画（新卒、中途）、定年延長、再雇用制度などは、健康管理に関わりの深い情報です。

<参考>ある事業場の年齢構成（男性）

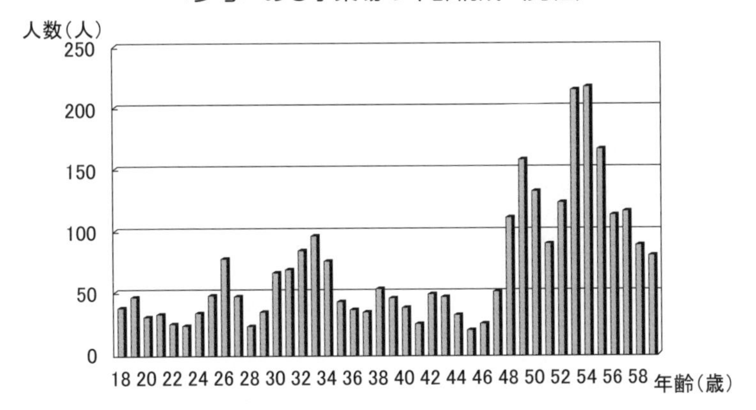

イ．私傷病統計

私傷病という言葉はあまりなじみのない用語かもしれませんが、企業等ではよく使われており、公傷（労働災害）ではないケガや疾病のことを指します。就業管理上の必要から、私傷病などで一定日数以上休務した場合の届け出（理由書などの提出）を従業員に求めている事業場が多いと思います。届け出を求める休務日数や届け出の方法はさまざまです。提出先は人事部門の場合が多く、その情報を健康管理部門と共有されていることもあります。もし共有されていなければ、この制度の担当部門と相談して共有できるようにしてください。従業員の健康管理をより的確に行うことにつながると思います。なお、この情報は、自己申告がベースになっているなどの理由で精度が高くはないことには注意が必要です。

私傷病に関する統計を私傷病統計といいます。休業件数率、日数率などの区分で整理することが多くなっています。疾病休業日数率、疾病件数年千人率、病休度数率、病休強度率などとしてまとめている場合もあるようです。それぞれの定義は必要に応じて確認してください。母集団が小さい（事業場従業員数が多くない）場合は、統計的な判断というよりも、事例として活用することになります。

＜参考＞ある事業所の休業件数率推移　＜参考＞ある事業所の疾患別休業件数率推移（件／1000人・年）

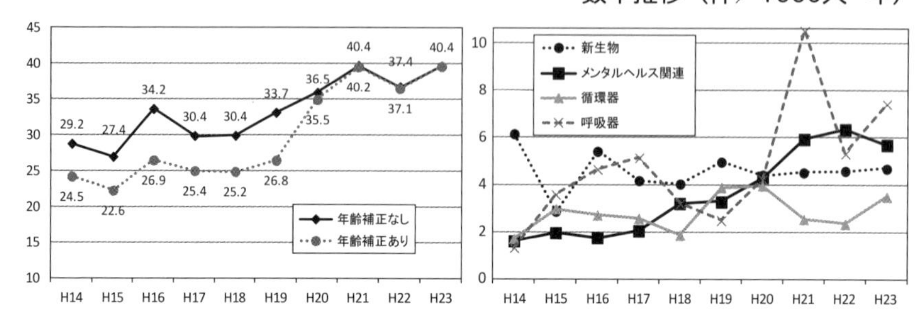

ウ．健康管理年報

健康診断結果を含めて年間の健康管理に関連したデータや施策をまとめた健康管理年報のようなものが作られていないでしょうか。もしこのような整理がされていれば、過去の年報に目を通してみると、事業場の健康管理に関する課題の推移とか、取り組むべき課題を大まかにつかむことができるでしょう。年報の内容、年報の作成開始時期などから、事業場の健康管理の歴史（経験の積み重ね）や健康管理スタッフがどのような着眼点を持って健康管理に取り組んできたのかもわかります。

このような年報が作成されていない事業場では、作成して蓄積していくことを勧めます。年報の作成は手間や時間が掛かりますので、健康管理スタッフなどが前向きに作成に取り組むようにする工夫も必要になります。健康診断結果の労働基準監督署への報告書や安全衛生委員会への報告・産業医の発言記録などの既存の資料を年間でまとめたり、時系列に整理することからスタートするのが現実的かもしれません。

このように整理した情報（年報）を活かすことにより、継続的で効果の上がる健康管理施策の企画につながります。PDCAサイクルを回して、健康管理のレベルアップを図ることになります。年報を作ることは、データ解析（統計解析）の必要性を感じることにもつながっていきます。

エ．事業場外データの活用

事業場の特徴を知るために他の事業場との比較が必要になることがあります。同じ社内の事業場であれば、本社の所管部門中心に事業場の健康管理統計の取り方を統一して、情報交換できることもあるでしょう。もし、このような制度になっていなければ、比較できるようにしておきたいものです。他社のデータは、なかなか手に入りにくいと思いますが、業界団体でまとめている統計などがあることもありますので、衛生管理者などに確認してみてください。また、全国レベルの労働者の健康に関するデータが、厚生労働省などから公表されていますので確認しておいてください。一部は、中央労働災害防止協会が毎年出版する「労働衛生のしおり」にも掲載されています。事業場データの比較検討に使うときは、母集団の特性の違いがあることを忘れないようにしてください。

(2) 課題をみつける

健康状態の把握の第一の目的は、足元の健康管理の課題を把握し、取り組むべき健康管理の方向性を見出すことです。健康管理に関して収集解析するデータは、PDCAサイクルを回して、健康管理のレベルアップを図るためにも必要です。なお、健康管理の課題は、産業医だけの課題ではなく、健康管理部門の課題でもあり、事業場と従業員全体の課題です。難しい統計処理が必要なことはほとんどなく、大切なことは着眼点であり、大局観を得られるということだと思います。

なお、当然ですが、疾病の発生率などを過去からのデータと比較したり、将来の状態をシミュレーションしたりするときには、年齢構成の差異があるため年齢調整を行う必要があります。年齢層別にデータを整理すると、その年齢層に特有の影響（社会環境・生活環境・就業環境）を加味したデータになることもあります。例えば、現在40歳代の従業員を対象に、10年前の30歳代の従業員のデータと比較するとほぼ同じ従業員の中での変化がわかります。過去の状態から将来の状態へのデータの推移を示すことができれば、関係者にとってインパクトのある情報になり、健康管理への関心を引き出すことにもなります。

また、健康管理に関する情報の一つとして、健康保険組合が持っている医療費関係の情報があります。医療費と健康管理部門が持っている健康情報を照らし合わせてみると、意外な気付きがあることがあります。企業単独の健康保険組合でないと難しい面はありますが、健康保険組合の事務局と相談してみてください。

健康管理の企画を考え、実行していくために活用するデータは、数値データだけでなく、言語データや、文章になった資料など、さらには実感といった少しあいまいな情報を含めて総合的に判断することも必要です。「数値だけが信頼できる」とは限りません。

健康管理の取り組みに関連したアンケート（健康診断などの健康管理施策実施後のアンケート等）も、健康管理施策を企画する上で参考になるデータです。ただし、アンケートの作り方にHow toがあり、選択式にするか自由記入式にするかで得られる情報が変わりますし、設問の仕方やアンケートを実施するときのタイミング（事業場や職場の置かれた状態など）でも回答の傾向が変わります。バイアスが掛からないアンケートはありませんが、結果を見るときには注意が必要です。

<事業場の健康状態を把握するための統計データの例>

・各所見（肥満、血圧など）別の生活習慣（問診票データ）の比較
・勤務形態別の有所見率および生活習慣（問診票データ）の比較
・職位別の健診結果、生活習慣、ストレス度などの比較
・配属先の喫煙率の違いによる新入社員の喫煙開始への影響
・疾病別休業件数率、疾病別休業日数率の推移

⑶　やってみる

健康管理データの収集・統計解析は、健康管理部門として実施できればいいのですが、産業医が自分で少し突っ込んだ解析などをしてみると、気付くこともありますし、データを見る視点も広がります。健康管理スタッフや衛生管理者がデータを解析するときのアドバイスや指導にもつながります。

健康管理施策や健康保持増進活動のまわりには、さまざまな有益な情報がたくさんあります。それを活かすことができるかは、産業医を含めた健康管理スタッフにかかっています。集めるだけ集めて全く使われないようなことがないようにしたいと思います。

事業場の健康管理に活かすことができる統計手法をわかりやすく紹介した出版物もありますので、必要に応じて確認してください。

≪エピソードS≫

20年ほど前のことですが、健康管理関係の報告書を作るためには、昼の時間帯に健康管理システムからデータ抽出を行うと、健康診断業務に支障がでるため、システム担当者が徹夜でデータ抽出を行い、それから産業医としてデータを確認して報告書を作り上げるまで3日間必要でした。今では、産業医自身がシステムからパソコンでデータを抽出し、エクセルでデータクリーニングを行い、解析ソフトで解析結果を出すまで、1時間程度で可能です。見やすいグラフとコメントを入れても3時間ほどでできます。データの活用も容易になっています。かつてはこのような業務に戸惑いもありましたが、今では大きな負担を感じることもなくなりました。

3. 労働災害・職業性疾病発生時の対応

労働災害・業務上疾病という言葉を聞いた時にどのようなイメージを持つでしょうか。事業内容によって身近なこともあれば、ほとんど縁のない事業場もあります。現業系の事業を行う事業場にとって事故や労働災害（ケガなど）の防止のための安全管理は重要な課題です。この章では、労働災害発生時の基本的対応の考え方をまとめています。なお、事故には、従業員の負傷を伴う事故と伴わない事故がありますが、ここでは前者のことだけを念頭において取り上げます。また、従業員が就業中に私傷病で緊急対応が必要なこともありますが、労働災害への対応と基本は同じです。

<参考>「労働災害」とは

労働安全衛生法には、「労働災害」の定義があります。「労働者の就業に係る建設物、設備、原材料、ガス、蒸気、粉じん等により、または作業行動その他業務に起因して、労働者が負傷し、疾病にかかり、または死亡すること」と定義されています。一方、産業医の職務に関連しては「“危険または健康障害”を“生じる”“防止する”」などという表現で関わりが示されています。

労働基準法では、「業務上負傷」「業務上の疾病」という表現があり、労働者災害補償保険法では「労働者の業務上の負傷、疾病、障害又は死亡」を「業務災害」として補償（いわゆる労災補償）の対象とされています。なお、公務員の労働災害は、一般的に公務災害と呼ばれ、補償は国家公務員災害補償法か地方公務員災害補償法に基づいて行われます。この本では特別に区分していません。

法令上の定義はありませんが、職業病や職業性疾病という言葉もよく使われています。行政機関では、職業病認定という表現も使われ、職業性疾病に係る業務災害の認定のことを指しています。
　事業場では「労災」と称して、労災補償の対象（労災認定）のケガを指して使われていることもあります。事業場の中では、厳密な使い分けがされていないことが多いと思います。本書でも厳密な使い分けはしていませんので、文脈で読み取ってください。

(1) ケガや急性中毒等災害発生時の対応の基本

ア．医師として

　産業医には2つの立場があると思います。1つは、ケガや急性中毒等災害発生時に事業場内にいた場合にはいわゆる医師としての役割が求められます。被災者の状態をできるだけ悪化させないための判断と行動が必要になります。被災者のいる現場に出向くことが必要なこともありますし、被災者が来診することも考えられます。事業場でどの程度の治療や処置ができるのかによりますが、中途半端になるのであれば近隣の医療機関に搬送することを優先することになります。もちろん、出血などの場合には、応急処置が欠かせませんが、その際には、手際よく対応することを心掛けることが必要です。被災者を連れてきた上司や同僚などが被災者の状態に過敏になっていて、緊張感が漂っている中での対応になります。救急対応に慣れていない場合は、意外と冷静な対応が難しいことがありますので、自ら処置することが望ましくない場合もあると思います。医師として総合的に判断して被災者にとっての最善の選択をすることになり、毅然とした対応も必要です。

イ．産業医として

もう1つの役割として、従業員のために果たしたい役割があります。被災者が医療機関へスムーズに搬送され、そこで最善の治療が受けられるように支援することです。産業医がいつも事業場内にいるとは限りませんので、不在時も同様に対応できるようにしておくことが大切です。

言うまでもなく、救急車の要請時には被災場所（救急車の向かう場所）、氏名、年齢、被災者の状態などをきちんと伝えることが必要です。大きな事業場になれば、事業場の名前だけでは、救急車がどこへ向かえばいいのかわからないこともあります。被災者の状況（容態など）の伝え方も要領が要ります。

事業場固有の危険有害要因に起因する労働災害もあります。酸欠、一酸化炭素中毒、その他の有毒物質への吸入や接触によると思われる労働災害の場合は、その可能性を伝える必要があります。専門医療機関であっても被災者の状態だけからの診断は容易ではありません。化学物質による被災の場合は、SDS（安全データシート）を医療機関に送付（FAXなど）するか、同行者に持参させたりすることが望まれます。

また、多くの事業場では緊急事態発生時の連絡体制が決まっているはずですが、労働災害発生時に躊躇（ちゅうちょ）なく医療機関を受診することを教育などで徹底しておくことも必要でしょう。

このようなことがスムーズに行えるようになるには、マニュアルの整備や教育が必要です。一目で対応がわかる掲示などもあった方がよい職場もあります。このような体制整備と教育について産業医として関わる必要があるでしょう。

ウ．救急法教育

多くの事業場では、労働災害発生時に治療できる診療体制は無いと思います。労働災害の発生の可能性が高い事業場では、職場で救急措置ができるように救急法の教育を行うなどして、救急体制を整えておくことが望ましいということになります。AEDが配置されている場所も増えましたが、多くの従業員が円滑に使えるようにしておくことも必要です。産業医が救急法などの講師をしてもいいですが、外部の講師を依頼した方がいい場合も多いと思われます。衛生管理者などに検討を委ねるといいでしょう。「Ⅲ－7．ケーススタディー(2)」も参照してください。

エ．労働災害固有の対応

被災者が直接産業医のところに来た場合は、事業場の安全衛生部門への連絡が必要です。医師としては被災者のことを第一に考えますから、その重要性はわかりにくいかもしれません。被災者が1人だけ来た場合も同時に複数の従業員が被災している可能性があったり、二次災害の危険性がある場合は、事業場や職場で即時の対応が必要です。労働災害と私傷病との区別がつきにくい場合の対応や家族への連絡などが必要なこともあります。労働災害の場合（特に重篤な場合）は、事業場は労働基準監督署などの行政機関などへの連絡を求められており、可能な範囲で情報を早めに共有しておくことが重要です。なお、軽度の熱中症で安静にして身体を冷やすだけの対応ですむような場合もありますが、就業中の問題は事業場としての対応が必ず必要になることだと理解しておいてください。

≪エピソードS≫

以前勤務していた事業場には事業場内診療所がありました。事業場が最も心配なこととして「万が一の爆発や一酸化炭素中毒による大量被災が起きたときの対応だ」という説明を受けていました。そのため、月1回の自衛消防隊の管理する救急車の点検、大規模災害時の対応マニュアル作成と年1回の避難訓練の機会を捉えての対応訓練を行っていました。トリアージを行い、順位を決めて収容場所へ搬送し、医療スタッフ以外の関係者も含めた体制で、救急車以外での被災者搬送まで想定していました。私が勤務している間にそのような事態は幸い発生しませんでしたが、その後の東日本大震災のときには、津波などによる被災のおそれがあって診療所からの避難も必要となりました。避難先の研修所での対応は想定されておらず、ほとんど手探りで対応したとのことです。地震によるケガ人の発生は奇跡的になかったとのことですが、血液透析が必要な従業員や特殊薬剤での治療中の従業員などの救急搬送が必要になったようです。想定外とはいえ、日ごろの訓練が多少は役に立ったように思います。産業医の業務もいろいろな事態を想定しておくことが必要だという思いがより強くなっています。

⑵ 業務上疾病について

業務上疾病の種類は労働基準法に規定されています。産業医として業務上疾病に遭遇する場面としては、一般定期健康診断、特殊健康診断、長時間勤務者などの面接、健康相談などが考えられます。在籍者のみならず退職者が対象となる場合もあります。化学物質によるガン、じん肺、騒音性難聴など過去の勤務の影響によることもあれば、比較的直近の影響として「過重な業務による脳血管疾患・心臓疾患等」（いわゆる過労死など）や「強い心理的負荷を伴う業務による精神障害」（メンタルヘルス問題）などのほか、急性の腰痛や皮膚障害などもあります。これら業務上疾病については労働基準法関連の行政通達で、認定基準が出されていますので、必要な場合は確認しておいてください。本書では、「**Ⅱ－8．メンタルヘルス対応の考え方**」「**Ⅱ－9．長時間労働対応の考え方**」でも取り上げています。

産業医として疑わしい事態を把握した場合の対応は、「**Ⅲ－1．健康診断を活かす ⑹特殊健康診断の結果を活かす**」に記載していますので、確認してください。

⑶　自問する

産業医の最も重要な役割の一つは、有害要因による健康障害の予防になります。新たに発生するじん肺や騒音性難聴などの健康障害への対応が必要な事業場もあると思いますが、これらは長い間の負荷の蓄積した結果への事後処理という面もあります。しかし、過去の産物と安易に判断することがあってはいけません。このような有所見者が出ている（いた）職場や作業で、新たに健康障害が発生する可能性はないのでしょうか。作業環境対策が不十分だったり、保護具が適切に使用されていなかったりということはないでしょうか。有所見者が見られたときは、産業医として見逃してはいけない足元の問題がないか自問して確認してみましょう。

4. 情報の入手と発信

産業医の業務を的確に行うために情報の入手は非常に重要です。産業医として心がけたい基本的情報収集の方法について紹介します。

⑴ 日本医師会の産業医研修

基本的な内容もあれば最新のトピックスを扱っている研修もあります。産業医としての情報を得る最も身近な手段になります。内容によっては、早い段階で予約が一杯になるものもありますので、注意が必要です。

⑵ 参考にしたい出版物

産業医として使用しやすいと筆者が考える出版物や教科書的な出版物をリストアップしました。これ以外にも多数の出版物があります。また、今後も新しく有用な内容の出版物が発行されると思います。最新の出版情報なども確認して、必要な物を見極めて活用してもらいたいと思います。

名称	発行元	備考
産業医の職務Q&A	産業医学振興財団	
産業保健ストラテジーシリーズ	バイオコミュニケーションズ	全5冊
産業保健ハンドブック	労働調査会	
嘱託産業医のためのQ&A	労働調査会	
チェックリストを活かした職場巡視の進め方	中央労働災害防止協会	
改訂 写真で見る職場巡視のポイント	労働調査会	
使える！ 健康教育・労働衛生教育55選	日本労務研究会	
衛生管理（上）<第1種用>	中央労働災害防止協会	受験準備テキスト
衛生管理者の実務－能力向上教育テキスト－	中央労働災害防止協会	衛生管理用
安全管理者選任時研修テキスト	中央労働災害防止協会	

⑶　国内動向を知る

産業医が目を通しておいた方がよい出版物として、「労働衛生のしおり」（中災防から毎年8月頃に出版される）があります。その年の全国労働衛生週間実施要綱も掲載されており、健康管理に関して国が重点としていることが把握できます。健康管理関係の統計、近年に出された指針やガイドライン、労働災害防止計画、職業性疾病発生事例、関係する主な法令の要約などが掲載されており、コンパクトで見やすい出版物です。非常に多くの事業場が購入しており、産業医としても目を通しておくといいでしょう。

⑷ 定期購読されている出版物

多くの事業場では安全衛生業務に関わる定期刊行物（雑誌）を購入しています。事業場内で関係者に回覧されていることも多いと思います。最新の情報、企業での取り組み事例紹介、最近のトピックスについての専門家による解説などが掲載されていて、手軽に情報を得られます。「業務に活かせることがあるのではないか」という気持ちで目を通してみましょう。また、事業場でこのような雑誌を購入していない場合は、関係者と相談して購入を検討してみるといいと思います。筆者がよく目にする刊行物は以下のとおりです。参考にしてください。

衛生・健康管理関連のよく目にする定期刊行物

名称	発行元	備考
安全と健康	中央労働災害防止協会	月刊
安全衛生のひろば	中央労働災害防止協会	月刊
産業医学ジャーナル	公益財団法人　産業医学振興財団	隔月刊
産業保健21	独立行政法人　労働者健康安全機構	季刊
労働の科学	公益財団法人　大原記念労働科学研究所	月刊
産業保健と看護	メディカ出版	隔月刊

⑸ 最新情報にアクセスする

安全衛生関連（健康管理も含みます）の厚生労働省ホームページは非常に充実しています。法令改正や指針などのほか、厚生労働省の安全衛生関係の審議会や研究会等での検討内容などが原則として公表されています。常設の労働政策審議会や同安全衛生分科会、同じん肺部会のほかに、必要に応じて開催される検討会などでは、化学物質管理、定期健康診断、メンタルヘルス、産業医制度、安全衛生保護具に関連した事項などの検討が行われており、検討の経過を知ることができます。すべてに目を通すことは現実的ではないと思いますが、事業場に関連の深いことや興味のあることについて見ておくと、業務に活かすことができると思います。このほか、健康経営などに関する経済産業省ホームページ、建設工事従事者や業務用自動車運転者の健康管理や事故防止などに関する国土交通省ホームページ、新型インフルエンザに関する内閣官房ホームページ、海外渡航に関する外務省ホームページなどもありますので、必要に応じて確認してください。

(6) 法令、統計を検索する

法令などを確認する手段として、書籍としては「安衛法便覧」(労働調査会発行) や「安全衛生法令要覧」(中央労働災害防止協会発行) があります。前者には、告示・公示などを含めた労働安全衛生関係法令や法令の解釈通達、指針などに関する指導通達なども掲載されています。この本を読みこなせるようになることが、産業医として欠かせないと言われた時代もありました。

インターネット検索では、「e-Gov法令検索」や「厚生労働省法令等データベースサービス」が活用できます。非常に便利です。

統計に関しては、業務上疾病や労働災害関係に関しては、厚生労働省の「職場のあんぜんサイト」で確認することができます。健康管理 (医療全般を含めて) については、厚生労働省のホームページの「厚生労働統計一覧」が充実しており、健康管理に関わる取り組みを検討する際に参考となる情報がエクセルとしてダウンロードもできるようになっています。このほか、中災防の「安全衛生情報センター」のサイトからも多くの安全衛生関連情報へアクセスできます。頻繁に使うことはないと思いますが、検索サイトとして知っておくといいでしょう。

(7) 産業医としての知識を深める

日本産業衛生学会に参加したことはありますか。学会が毎年5～6月に開催され、秋には全国協議会が行われます。どちらも学会員ではなくても参加できます。入会していない場合は、一度参加して、雰囲気を感じてみることを勧めます。熱心に健康管理に取り組む産業医などの健康管理関係者や関連する研究の発表は刺激的です。この学会では地方会や部会（産業医部会等）の研修会なども開催されています。研修会や学会地方会などにも定期的に参加するように心がけましょう。産業医業務に自信がついてくるとテーマを見ただけである程度話の内容が予想できることもあるかもしれませんが、新たな知見を得られることもあるはずです。参加を避け続けていると少しずつ世間の常識からずれていることに気付かなくなってしまいます。

日本産業衛生学会以外の学会としては、日本産業ストレス学会、日本人間工学会、日本渡航医学会などに参加しているという産業医の話もよく耳にします。

他にも産業医を対象にしたものというわけではありませんが、中災防の本部・地区センターが主催する講習、中災防が国から委託を受けて運営する安全衛生教育センター（東京、大阪）で開催される講習などを代表格として、災防団体や都道府県労働基準協会連合会・

各地域の労働基準協会での安全衛生関係の講習などもあります。知識面で得るものもありますが、教育手法を学べるような研修もありますので、興味があれば確認してみてください。産業医が参加するということでなく、衛生管理者や健康管理スタッフに受講を勧めるべき講習もたくさんあるはずです。講習会などのスケジュールはそれぞれのホームページで確認できます。

(8) 情報を発信する

前述してきた方法などで入手した情報（健康管理を含めた衛生管理に関する法令や情報）は、事業場に当てはめて、その意味をよく考えてみることが大切です。業種、事業場の規模、従業員構成によって、事業場には当てはまらないものがあったり、適用に工夫がいることもあります。事業場の状況（健康管理体制や投下できる資源など）、取り組んできた施策の積み重ね、実施可能な範囲なども考えて適用を考えることが必要です

事業場内の関係者や従業員に向けての健康管理情報などの発信についても、最新であれば良いとは限りません。新しいが故にエビデンスに乏しいこともありますので、情報に踊らされることにならないように注意することが必要です。あいまいな情報は、不確定の情報であることを明らかにしながら提供することになります。間違った（後で否定されるような）情報を安易に発信すると、混乱したり、信用を損ねたりすることになります。

情報発信については、健康管理スタッフに向けての場合、経営者層に向けての場合、従業員に向けての場合と同じ内容であっても、伝える内容の範囲、言葉遣い・表現などについて工夫しないとうまく伝わらないことがあります。情報を受け取る側の立場の違い（影

響の違い、メリット・デメリットの違い）があります。伝える相手を意識して発信しなければいけません。これは教育をする場合にも通じることです。

5. 自己研さんとキャリアアップ

臨床医が自己研さん（医療に関する情報の入手など）して、治療などに活かすことは当然のことです。産業医も、産業医として関わる分野で自己研さんを積むことが必要です。「Ⅲ－4. 情報の入手と発信」とも重なりますが、この章では、主に専属産業医を念頭に自己研さんという視点で考えてみます。

(1) 産業医の職務レベルについて

産業医の職務レベルを、3段階に分ける考え方があります。第1段階の基礎的レベルは、健康診断関連、産業医巡視、衛生委員会、個別対応などで、それぞれについて適切な対応ができるということで、いわゆるケース対応能力になると思います。第2段階の専門的レベルは、リスクマネジメント、緊急事態対応、独自に先進的取り組みなどができるということになります。第3段階は、管理的レベルで健康管理部門全体の運営、スタッフの育成、組織としての方針作成などが当てはまります。専属産業医では、基礎的レベルは当然として、専門的レベルから管理的レベルまでの職務レベルで職務を遂行できることが望ましいということになります。

(2) 資格を取得する

産業医を中心に仕事をしていく場合は、日本産業衛生学会専門医と労働衛生コンサルタントの2つの資格の取得を目指すことが多いのですが、それぞれ試験方式も大きく異なります。それぞれの資格を取得するための勉強を通して、日ごろの産業医業務を振り返り不十分な点に気付くことにもなりますので、とても有意義で、取得を目指すべきだと思います。社会医学系専門医の資格もできましたので、新たに勉強する機会が増えたということになります。

学位（医学博士）の取得についてはどのように考えるのでしょうか。産業医として必須の資格ではありませんが、研究を通して、エビデンスを得るという科学的な考え方がより身に付く機会になります。医学以外の分野（技術分野など）で修士号や博士号も持っている従業員がいる事業場もあります。産業医の研究に関しても事業場の理解が得られれば、取り組みたいものです。

(3) 学会での活動

日本産業衛生学会は、最新の知見や同業他社の産業医などから情報を得る貴重な場になります。聴講するだけでなく、発表ができればいいと思います。発表するためには、事業場の健康管理に関するデータの整理が必要で、日頃の産業医業務や健康管理施策のあり方を振り返ることにもなります。学会での発表は、日本産業衛生学会専門医試験の受験要件にもなっています。学会発表は、日頃の産業医活動（健康管理活動）を一歩進めて研究として整理して発表する場で、活動の的確性を検証することにもなります。発表をするだけでなく、シンポジウムや教育講演の演者として活躍している産業医もたくさんいますので、見習っていきたいものです。

⑷　外部講演や研修会講師

産業医として経験を重ねていくと、産業医学関連の研修会などの講師の依頼が来るようになります。会社での業務との兼ね合いがありますが、改めて産業医業務や健康管理のあるべき姿を振り返ったり、日頃の取り組みをまとめたりすることなどを通しての気付きもあります。依頼を受けたときは、事業場関係者と相談して了解を得て、前向きに取り組みたいものです。ただし、事業場外での活動が多くなり過ぎることは、事業場にとっては必ずしも好ましいことではありません。事業場内での産業医としての職務を的確に遂行しているということが、事業場外で社会に貢献するということの前提です。事業場外の講師を引き受けるときは、その意味をよく考えることが必要です。

⑸　異動と後輩の育成など

事業場が複数あるような会社では、専属産業医の社内異動を考えている会社が増えてきているようです。すべての産業医がこの対象になるということではありませんが、社内での異動は（とりわけ若い産業医にとって）貴重な経験だと考えます。同じ会社であっても事業内容（製品など）が異なるとか、従業員の雰囲気やその取り巻く環境が違います。事業場間の社内異動を経験して、いわゆる全社の統括的な業務を経験することもできるようになればいいと思います。事業場間の調整や全事業場に適用する新しいルールの制定、社内産業医や健康管理スタッフのサポートなどの貴重な経験ができると思います。

産業医としてのスキルアップの手段として、後輩の産業医の育成もあり、非常に勉強になります。複数の産業医の選任は、一般的には規模の大きな事業場に限定されますが、関係会社・協力会社との関係で産業医を増員するという事業場もあるでしょう。事業場の中で一人で奮闘するというよりも、産業医として先輩産業医、後輩産業医や非常勤の嘱託産業医と切磋琢磨していく環境が持てると理想的なのですが、希望したからといって実現できることではありません。

コメディカルスタッフの育成（教育）も産業医として勉強になることが多いと思います。

⑹　社内会議・社内WG・業界内産業医会議等

事業場が複数ある（事業場毎に産業医が選任されている）会社では社内産業医会議を行っていることがあります。会議だけでなく、社内の施策についてのアドホックな検討会が設けられることもあるでしょう。産業医になりたてのころは、このような会議に出席してもなかなか役に立っているという実感が持てないと思いますが、積極的に出席（参加）して、このような場での経験も積みながら産業医としての実力を高めていってください。

≪エピソードS≫

私が初めて社内産業医会議に参加した時は、出席者の中でもっとも年齢が下で、とても緊張したことが思い出されます。出席する回数が増えるにつれて議論に参加できるようになり、議題を提案することもできるようになっていきました。自分自身の成長を確認できた場でもあったと思います。

社内で新たな施策を検討するような場合には、社内WG（ワーキンググループ）が作られ、さまざまな産業医経験の人たちと議論する機会があり、これもいろいろな意味で勉強する機会になった貴重な経験でした。ある程度の規模以上の会社でないとこのような検討の場はないと思いますが､機会があれば積極的に参加することを勧めます。また、社内WGを企画する立場にいる産業医は、後輩産業医のためにもこのような機会を作ってあげることができればいいと思います。

また、私が初めて産業医として就職した鉄鋼業では、業界内の産業医会議が開催されていました。かつては多くの業種で開催されていたようですが、継続されている業界はごく一部のようです。同じ業界ですので、他社の産業医とも同じ課題について議論ができる貴重な場でしたし、自分の立ち位置を確認できる場でもありました。このような会議がそれぞれの業界で開催（再開）されればいいと思っています。

6. 社外専門家・専門機関の活用

産業医としての仕事を的確に実施するためには、最新の情報や知見を得る必要がありますが、すべての新たな法令などをタイムリーに細部まで確認することも容易なことではありません。時間的な制約もある中で、気になりつつも必要な情報や対応策が見つからない状態が続くことで徐々にストレスになっていくことは避けたいと思います。必要なときに支援を得られる専門家や利用できる機関を確認しておきましょう。

(1) 産業保健総合支援センター・地域産業保健センター

産業保健総合支援センターは、独立行政法人労働者健康安全機構が実施主体となり、地域の医師会の協力を得て、産業医、産業看護職、衛生管理者等の産業保健関係者を支援するとともに、事業主等に対し職場の健康管理への啓発を行うことを目的として、全都道府県に設置されています。主な業務は下枠内に記載しています。研修会はかなり実践的なテーマが組まれていて、半年くらい前からホームページにテーマが掲載されていますので、自分の学びたいことや聞きたい内容を選択して受講すれば非常に役に立つと思います。

<産業保健総合支援センターの主な業務>

- 専門スタッフによる窓口相談（メールや電話でも対応）
- 産業保健関係者対象の専門的かつ実践的な研修
- 情報の提供（メールマガジン、ホームページ等）や産業保健に関する図書・教材の閲覧等

・広報・啓発（事業主、労務管理担当者等対象の職場の健康問題に関するセミナーの実施等）

地域毎（概ね労働基準監督署単位）には、地域産業保健センターが設置され、労働者50人未満の小規模事業場の事業者や労働者に対して、枠内に記載した事業を行っています。原則として産業医が選任されていない事業場が対象の事業です。

<地域産業保健センターの業務の例>

・長時間労働者への医師による面接指導の相談
・健康相談窓口の開設
・個別訪問による産業保健指導の実施
・産業保健情報の提供

産業保健総合支援センター・地域産業保健センターともに自分が利用することが可能なセンターのホームページをまず確認してみましょう。センターによってサービスの内容に若干の違いがあります。基本的に無料で利用できますので、必要なときは活用してみましょう。

実務に関する質問に対しても、無料で非常に丁寧な対応が行われていますので、活用してみる価値はあると思います。

⑵ 行政機関

労働安全衛生に関する行政機関は、厚生労働省関係の機関になり、次頁の図に大まかにまとめています。

前述のとおり、法令、ガイドラインや審議会などの報告書などにも関係機関の名称や職位がでてきますので、参考になると思います。

事業場の衛生管理に最も関係の深い行政機関は、地元の労働基準監督署となります。産業医や衛生管理者等の選任届、定期健康診断および特殊健康診断結果報告、ストレスチェック結果報告などの提出先として身近な存在です。労働基準監督署というと、監督権限があり、取り締まりを行うところとの印象が強い人もいますが、法令に基づく衛生管理を進める上で対応の相談に乗ってもらうこともできます。なお、じん肺健康診断の関係は都道府県労働局が所管になっています。

厚生労働省（本省）

厚生労働大臣、労働基準局、安全衛生部、計画課、
安全課、労働衛生課、化学物質対策課ほか

都道府県労働局（都道府県単位）

労働局長、監督課、健康安全課（安全課、健康課）ほか

労働基準監督署（地域毎）

〔東京や大阪の労働局管内には10を超える労働基準監督署がある〕

労働基準監督署長、○○方面、安全衛生課ほか

労働基準監督官：労働安全衛生法の施行が職務。立入検査などの権限もあり、労働安全衛生法違反に関しては刑事訴訟法の司法警察員として職務権限もある

労働衛生専門官：労働安全衛生法に基づく調査、指示、指導、援助などの職務を行う

厚生労働省以外にも、内閣府、経済産業省、国土交通省などがそれぞれの所管する事業や行政施策との関連で健康管理に関わる情報を発信しています。必要な場合はホームページなどで確認してください。

(3) 労災病院

労災病院は独立行政法人労働者健康福祉機構が所轄する病院で、全国に約30か所にあります。労働災害や職業病への対応のイメージを強く持っている産業医がいるかもしれませんが、それに加えて勤労者医療（勤労者の健康と職業生活を守ること目的として行う医療およびそれに関連する行為の総称）の中核的役割を担うことを目指しています。予防から治療、リハビリテーション、職場復帰までの高度・専門的医療の提供を行っています。勤労者からのメール相談事業や治療就業の両立支援事業も行われています。それぞれの労災病院ですべて同じサービスを行われているというよりは、それぞれに特徴があるという感じです。事業場から利用ができそうな近隣の労災病院のホームページなどを調べておくとよいと思います。

(4) 作業環境測定機関

労働安全衛生法に基づく作業環境測定について、測定方法や測定者の資格などが作業環境測定法に定められています。作業環境測定には測定精度が重要ですので、日本作業環境測定協会の総合精度管理事業に参加している作業環境測定機関を利用することが望ましいと思います。

利用する場合、作業環境測定機関にすべて任せっきりにするのではなく、事業場として衛生管理者などが測定の場に立ち会う、結果についての意見を聞くなどのコミュニケーションが必要だと思います。お互いちょっとした緊張関係もあった方がいいと思います。

⑸ ストレスチェック実施機関

ストレスチェックが法令で義務化されると同時に、健診機関をはじめ、健康管理に関することでは名前を聞かなかった会社などもストレスチェック実施機関として事業を始めています。

ストレスチェックの質問票は法令では決まっていません。厚生労働省では職業性簡易ストレス調査票57問を推奨していますが、ストレスチェック機関が、より充実していることを強調して100問以上の質問票を勧めたり、個人結果及び集団分析結果様式などがカラフルで見やすいことや事後サービスが充実していることを強調して盛んに営業していたことがありました。ストレスチェック実施機関を公的機関が客観的に評価するという制度はありませんので、産業医が評価することが必要でしょう。

実施機関の評価としては、コストや処理の迅速性もありますが、結果の見やすさやわかりやすさが重要です。従業員が自分のストレスチェックの結果を見て、自分のストレス状態を把握して、ストレス対処や、場合によっては医師相談に結び付ける一助にすることになります。事業場としては集団分析結果で職場での問題点を把握することになります。いずれも、読みやすくわかりやすいことが大切です。一方で、使われている用語がいわゆる業界用語で、従業員や事業場関係者には難しく、せっかくの報告書も大半は活用されていないことも多いようです。

質問数についても多ければ多いだけ情報が増えてよいと思うかも

しれませんが、情報過多で活用し切れていないために少ない質問紙に変更している事業場もあります。事後のサービス（集団分析結果の説明、職場改善の着眼点など）についても実際には、有料で高価過ぎて利用しにくいことや内容が理想的過ぎてすぐに改善にはつながらないような内容のものも見受けられます。事業場でどのようなストレスチェック票（記入様式）が用いられ、どのような報告書が出されているか、従業員や事業場でどのように受け止められているかを確認してみてください。実施機関への働きかけ（改善要望）が必要なこともあると思います。ただし、質問紙については経時的変化を見る必要もありますので、見直す場合は継続性の観点も必要です。

実施機関の評価を考える場合は、他社の実施機関との比較も重要で、費用面だけでなく、産業医や健康管理スタッフの専門家としての判断や事業場関係者の判断を踏まえて評価したいと思います。

(6) メンタルヘルスサービス機関

事業者と契約してメンタルヘルスに関わるサービスを提供する機関をメンタルヘルスサービス機関として取り上げます。日本ではEAP（Employee Assistance Program：従業員支援プログラム）機関と言われることもあります。サービスの内容はさまざまで、カウンセリング（事業場に出向いての実施もある）、電話相談（匿名可もある）、職場復帰支援へのサポート、研修や教育などがあります。利用している事業場からの懸念事項として、匿名可能の電話相談は件数しか把握できないので有効性の評価できないこと、事業場の保健師などの健康管理スタッフがメンタルヘルス対策と距離を置いてしまうことがあること、個別事案についての報告が個人情報という観点で制限されることなどがあります。

メンタルヘルスサービス機関との契約は、事業場内の体制ではカバーできない何らかの機能があることが前提になると思いますが、目的と役割分担を明確にしておくことが重要です。事業場内の健康管理スタッフが関わりをもって、うまく機能させることが欠かせません。嘱託産業医の事業場の場合は、利用価値が高いと思いますが、産業医がどのように連携するかをよく考えておくことが必要でしょう。メンタルヘルスサービス機関の選定については、既に利用している会社などへのヒヤリングが有効だと思います。

なお、もともとEAPは米国で発展したもので、従業員が業務に影響する個人的な問題を解決するために専門的なサポートを提供することを目的にしており、日本でEAP機関と言われている機関の活動とは違いがあります。

(7) リワーク（復職支援）

メンタルヘルス不調などにより長期休職となった従業員が、職場復帰のために、生活リズムを立て直し、コミュニケーションスキルやストレス対処法を習得して、復職および再発防止に結び付けるための支援プログラムがリワークプログラムと呼ばれています。このサービスを提供している機関を通称でリワークと呼んでいます。

リワークプログラムは、公的機関としては地域障害者職業センターが実施しており、民間では医療機関やメンタルヘルスサービス機関でも実施されています。地域障害者職業センターのプログラムは、無料ですが、主治医の同意および事業者からの承諾などが必要で、開始時期や受講期間についても制約があります。このセンターは都道府県に1～数か所であり、すぐプログラムを開始できるかは問い合わせをしてみないとわかりません。民間機関については、開始時期や受講期間については柔軟な対応が可能なことが多いようですが、利用者の費用負担があります。プログラム内容も機関によって違いがあります。

このような機関（プログラム）の利用は、休職期間に行うことになることが一般的で、費用負担が発生することもありますので、復職する従業員にプログラムの利用を強制することは難しい面があります。リワークプログラムがうまく機能したケースとしては、長期休職を繰り返した場合で「スムーズに復職したい」、「今度は再発させたくない」という本人の強い気持ちがあったときのようです。活用を推奨したい機関だと思いますので、事業場で利用可能な機関について調べておくといいでしょう。

⑻　大学・研究機関

大学や研究機関については関わりがあることは少ないかもしれませんが、事業場内での対応に高度な専門的知識が必要なときなど頼ることが必要になる可能性もあります。大学としては、入局していた医局やその大学の労働衛生に関わる教室、地域の大学の労働衛生に関わる教室が想定されます。日頃から外部の研修会受講などをきっかけに大学関係者との顔見知りになっておくといいでしょう。産業医の仕事を続けていくためには心がけておきたいところです。研究などに興味を持った場合に、指導を受けることできるような関係まで築くことも可能でしょう。ただし、事業場の健康管理に関する情報の入手に関心が強い教室もありますので、事業場との関係の持ち方についても考えておくことが必要です。事業場の関係者との相談が必要なこともあります。

産業医を養成することを目的に設立された産業医科大学は、産業医向けのセミナーや公開講座を開催しています。産業医を多数輩出しており、出身者が産業医関連の研修会等の講師や聴講者として参加していることも多いと思います。産業医大出身者との関係を築くのも、情報を得る一つの近道です。産業医間のネットワークと産業医業務関連の情報網はとても幅広いものがあります。

研究機関としては独立行政法人労働者健康安全機構労働安全衛生総合研究所や公益財団法人大原記念労働科学研究所があります。日頃は出版物で目にすることは多いですが、その他にも各種調査研究や支援事業なども行っていますので、ホームページなどで確認をしておきましょう。研究機関ではありませんが、事業場の健康管理を含めた安全衛生管理については、中央労働災害防止協会（中災防）などの災害防止団体も指導支援事業を行っていますので、事業場として利用できます。

7. ケーススタディ

この章では、事業場で起こりうる事例を示し、その対応方法について考えてみたいと思います。他の章に記載した内容との重複もあります。すべての事業場にとって正しい対応方法になるとは限りませんが、参考にしてください。

(1) 職場復帰

【事例】

会社の規定で、「1か月以上連続して休業した場合は復職時に産業医による面接を行う」ということになっているが、

① この規定がなかなか守られないというケース

② 1か月以内の休業であるが、産業医による面接が望ましいケース

疾病やケガで一定期間休んだ従業員が職場に復帰する場合には、産業医の面接等を義務付けている事業場が多くあります。法令に「職場復帰」という言葉はなく、企業における安全配慮義務の遂行のための1つと理解すればいいと思います。

復職の判断時には「主治医からの意見書（または診断書など）」が出されてくるのですが、休んでいた従業員の「少しでも早く復帰したい」という希望に主治医が寄り添い過ぎていないか、復帰後の仕事を想定せずに書かれたのではないか、などの確認が必要になります。場合によっては、主治医に連絡するなどして意見を再度確認す

ることが産業医の仕事になります。手続きの流れや主治医の意見書などの様式は、厚生労働省から出ている「心の健康問題により休業した労働者の職場復帰支援の手引き」の様式が参考になり、メンタルヘルス関連のみならずフィジカルな疾病などにも活用できます。

①については、事業場規程の周知徹底といえば一言で終わるのですが、職場では数日の病気による休業は珍しいものではなく、出社（復帰）した時に「体調はどうか」などの確認が特に意識せずに、普通に職場で行われているのだと思います。ここでは「1か月以上の休業」という事例を出していますが、医療技術の進歩もあって手術を伴う入院でもその期間が短くなっていますので、「1か月以上の休業」はそれなりの「重い」病状だと推測されます。退院後に自宅療養を行い体力回復に努めたという場合もあれば、退院直後で体力も全く回復していない場合などもあり、実際にはかなりの差が見受けられます。具体的な事例などを含めて、管理者研修、監督者研修などでこの面接の目的や意味などについて丁寧に説明を続けておくことが大事なのだと思います。

②については、例えば、急性心筋梗塞のステント留置術後の場合や、メンタルヘルス関連疾患の断続的な休みが続いている場合などが挙げられます。前者の場合は、最短で欠勤３日間（土日を挟む）で退院して日を置かずに出勤しようとしていたことがあります。後者の場合は、休みが連続しないということで産業医の面接対象にはならないと判断していることがよくあります。他にも色々なケースがあると思われます。職場復帰時の面接が本当に必要なケースを漏れなくピックアップするための対策として、事業場の規程で面接対象の休業日数を短くするということでは十分対応できないことも考えられます。有給休暇で休んだ場合はどうするかなど、規程に記載しにくいこともあって、実際の運用で戸惑うことになりかねません。

産業医の面接は、あくまでも本人が職場へ復帰することで病状の悪化や再発が起こらないのか、一定期間の業務上の配慮を行う必要がないのかの判断を行う機会です。そのためには規程の周知徹底だけでなく、「気になるケースや対応がわからない場合はいつでも相談してください。」という管理監督者を含めた従業員へのアナウンスが大切です。「形式的な要件を満足する」ということではなく、「従業員の健康のため」という本来の目的に沿った対応をしたいものです。職場と健康管理部門との良好な関係も重要だと思います。

⑵　救急法（AED使用）

> **【事例】**
> 　従業員が突然意識を消失したときに、工場内に設置されていたAEDを誰も使用することができなかったケース

　AEDは公共機関などあらゆるところで目にすることができるようになりました。事業場内へのAED設置や救急法教育をどのように考えていくのでしょうか。定期的にこれらの対応方針について検討し、見直しをすることが必要となると思います。

　考える前提となるポイントの一つとして、事業場内のAEDの設置が以前と比べ容易になってきたという点があります。以前は購入価格や備品の管理の問題もあり企業内診療所などの限られた場所に置いておくことが多かったと思います。その後、設置場所が大幅に増加しています。リースで安価に設置が可能になりましたし、管理も容易になりました。メーカーが遠隔で管理することができるものもあります。自動販売機に組み込まれているものも見受けられます。

心肺蘇生法を含めたAED使用の教育はどう考えるのでしょうか。以前は、心配蘇生法は内容が難しく教育を行うことも大変だったのですが、その後、心臓マッサージは容易にできる方法が推奨され、人工呼吸も必ず実施することにはなっていません。AED使用については運転免許取得時に講習があり、使用方法を知っている人が増えています。救急措置に関する状況は変化してきていますので、事業場内での教育についても適宜見直していく必要があります。

従業員や（規模の大きな事業場の）救急対応部隊（保安警備担当などが多い）に対する定期的な教育がとても大切です。従業員の何割がこの教育を受けているか、何年毎に教育を受けるようにするかなどを決めておくといいでしょう。定期教育の機会を作って「職場の代表は出てください」というアナウンスのみで実施した場合に、実際は特定の従業員だけが何回も繰り返し受講するケースがあります。冒頭のケースのように、AEDを持ってきたけど使えなかったという残念なことが起こってしまう可能性もあります。

(3) 感染症対策

【事例】

新型インフルエンザへの対応として社内規程で発熱時は出社禁止ということになっていたが、その後この規定の運用が曖昧になり、今後どうしていくか論議が起こるケース

社内規程で発熱時に出勤禁止とすることに関しては、2005年頃に新型インフルエンザの世界的流行が予想されたことを受けて国、各業界、各企業がどのような準備をしておくかなど盛んに議論がさ

れていました。そのときに多くの企業では、「発熱時には出勤自粛や出勤禁止」との社内規程を作ったのではないでしょうか。この規程を作るまでは、大半の企業で「発熱時の出勤」に関する規程はほとんど無かったと思います。このような規程は残っているのでしょうか。規程の有無に関わらず「発熱時には極力出勤しない」ことは、強制するというよりはモラルやマナーの問題だと思います。仮に出勤しても、仕事に集中できないとか、(インフルエンザなどの場合は)マスクを着用するなどの感染予防が必要であり、「発熱くらいでは休まない」という考えは安易な考えでしょう。いろんな感染リスクを無視することは自己中心的な発想ということになります。感染が広がれば、同僚など多くの従業員の健康に影響を与えますし、事業場の業務にもマイナスの影響を及ぼします。

日本では2009年に新型インフルエンザの流行を経験しています。準備段階から、「体温」「体温測定」についての感度を上げるために活動を行いましたが、これは感染症対策の基本だと思います。「自分の身を守り、かつ、他の人にうつさない」という新型インフルエンザ流行時の「常識」をもう一度思い出す必要があるのではないでしょうか。健康教育としてもしっかりと取り上げて事業場の常識にしたいと思います。

(4) 健康診断機関との関係

【事例】

健康診断について業務の外部委託を検討しており、複数の委託先候補の健診機関から説明を聞くが、どこを選定したらいいのか決めかねるケース

大半の事業場は健康診断の実施を外部委託していると思います。健康診断委託先とは良好な関係が築けており満足しているという事業場もあれば、委託先の変更を考えたいと思っている事業場もあると思います。外部委託の形としては、健診機関や医療機関に従業員が出向いて健康診断を受診する場合と、健診機関が事業場に来て健康診断を実施している場合があると思います。ここでは、後者の場合に絞って考えたいと思います。

外部委託を考えるときに2つのポイントがあります。産業医だけでは判断しにくい問題もあり、事業場内関係部門とよく相談して対応を決めることが必要です。

1点目は、健康診断に関わる諸様式を委託先の健診機関の様式にするのか、事業場の独自の様式にするのかという点です。前者は全面委託に近い形態ということになります。この場合は、問診項目や個人票などを確認して、事業場のニーズを満たしているかどうかを判断することになります。オプション項目（追加検査、追加問診など）がある場合は、追加費用が妥当か、追加検査の結果が受診者にわかりやすく示されるかなどの確認が必要です。

後者の場合は、事業場として実施してきたやり方の継続性を重視することになります。安価で請け負ってくれると考えがちですが、

そうならないことがあります。受託を断られたり、運用上のトラブルを見越して高額の見積もりが出てくることがあります。適正と考える料金で委託できたとしても、トラブルや変更への対応に追加費用が掛かることもあります。委託先が「指示されたことをそのまま実施する」という対応になって主体性や責任感が希薄になっていると感じることもあります。個々の対応に関して注文（要望）をすればするほど、両者の関係が悪くなってしまう可能性もあります。

2点目は、健康診断の運営に関して事業場の担当者がどこまで関わるかという点です。全面委託の場合は、対象者名簿を渡して健診会場を提供すれば、あとは健診機関任せと思いがちですが、実際の健康診断の場面では、受診者の誘導、受付、各種検査、問診、医師診察など、部分的にではあっても事業場の健康管理スタッフなどが関わるケースも少なくないと思います。事業場のスタッフが関わるメリットとしては、受付では受診者を知っているので流れがスムーズになること、問診では追加の調査を行いやすいことや簡易な保健指導を同時に実施できること、医師診察として産業医が従業員に会うことのできる機会を設けることができることなど多くのことを挙げることができます。一方で、これらのメリットは絶対的だとも言えません。受付では受診者を知らなくても迅速に処理する方法もありますし、問診での追加調査は委託先に頼めばいいこともあります。限られた健康診断の時間で保健指導がどこまでできるのか、医師診察を時間的制約がある中で産業医があえて実施する意味があるか、といった見方もできます。

また、産業医が健康診断の診察のスキルを磨いたり、経験を通して健康診断について深く理解することは大切だと思いますが、健診機関の医師が要領を得ない（問診がうまくできない、時間が掛かり過ぎるなど）という理由で、産業医がそれを補うために健康診断の診察を行うのでは本末の目的とずれていると思います。

他にも色々と留意すべきことがあると思います。事業場にはこだわりや事情がありますので、事業場によって望ましいやり方は異なります。大切なことは健康診断を行うことだけに注目するのではなく、必要な事後措置を確実に実施することになります。健康診断での検査や調査に掛ける労力を事後措置に向けるという考え方も必要でしょう。また、健康診断にはそれなりに大きな費用がかかりますので費用削減が問題となることがありますが、コストのみに着目して事業場の健康管理スタッフを健康診断要員に組み込むという安易な対応は、健康診断の目的に沿った対応が不十分になり健康管理の質の低下につながりかねません。慎重な検討が必要です。従業員からの不評にもつながる可能性もあります。

健康診断の外部委託に関しては、いろいろなケースがあり、すべての留意点を挙げることはできません。健康管理スタッフの経験などによっても留意すべき点は異なります。また、一旦委託を始めたからといって、委託（先）を変更してはいけないというものでもありません。産業医や健康管理スタッフとのコミュニケーションを大切にして的確な健康診断を実施できる健診機関が望ましいというのは言うまでもなく、事業場関係者と相談しながらより良い対応を探ることになります。

(5) 健康保険組合との連携

【事例】

「コラボヘルス」と称して、事業場が健康保険組合と連携している中で、産業医がやや蚊帳の外に置かれていると感じ、どのように関わっていくのか悩むケース

特定健康診査・特定保健指導の制度が始まって以来、健康保険組合との接点が増えたと思います。非常に良いことであり、同じ健康管理に関わる立場で良い関係を築き、お互い協力していくことが望まれます。ただし、お互いの立場や考え方の理解が必要です。取り上げた事例にもこの問題が背景にあると思います。

健康保険組合は単一の（企業）健康保険組合であっても、会社とは別の法人です。産業医は従業員が健康管理の対象ですが、健康保険組合は被保険者とその被扶養者が対象です。従業員と被保険者は重なります。このようなことがあり、特定健康診査を含めて、従業員の健康管理に関わってくることになっています。かつて健康保険組合は医療費、傷病給付金などの面を中心に健康管理に関わることが多く、このようなときの視点と特定健康診査に取り組むときの視点が絡みあって、健康管理に関するベクトルが定まっていない印象を受けることがあります。健康保険組合担当者と話しをしていると、「行政」や「健保連」の方針だからという言い方がよく出てきます。健康保険組合が半公的な組織で、予算管理の制約などがあるということがあって致し方ない面もありますが、「従業員にとってどうか」という視点が不足しているように聞こえてしまいます。発想の原点の問題で、壁を乗り越えるためには時間がかかることもあると思い

ます。

また、健康保険組合のスタッフに、健康管理の実務経験者がいるとは限りません。理事なども会社の人事部門や労働組合幹部が兼務していることが多いようです。このためか健康保険組合が主催する健康管理関連の会議でも産業医には声がかからないこともあると思います。これには産業医側からの積極的なアプローチが必要なのでしょう。会社と健康保険組合は別組織で別の事業を行うということなのですが、大きな意味でベクトルを合わせたいものです。その上でお互いの役割（分担）を確認しておくことが必要です。

なお、事業場が複数ある会社では、事業場毎に方針や施策が異なると、健康保険組合として事業場毎の対応が必要となり、個別の対応が難しくなることがあります。このときに重要な役割を持つのが、いわゆる本社の健康管理統括部門で、健康保険組合との協調を図るために調整をすることが必要です。ここが機能しないと、会社としての健康管理が効率的に実施できなかったり、従業員への公平性が保てないこともあると思います。

また、健康保険組合が、社内の産業医が健康保険組合の所管する事業で協力しやすいような仕組みを考えることも、効果的な健康管理のために有用だろうと思います。産業医を健康保険組合の組織の中に位置付け（顧問などとして）、医療費データの分析、新たな施策の検討などの協力を始めている会社／健康保険組合もあるようです。高齢者の就労やダイバーシティへの対応など、事業場にとっても健康保険組合にとっても重要な問題があり、両者が協力していかねばならないことが増えていくという見通しをもって、より良い関係を築きたいものです。

Ⅳ 考え方を整理する

1. 産業医への期待

産業医の業務を始める前に、頭に入れておいた方がよいと考えることをまとめてみます。産業医（医師）が事業場関係者あるいは事業場の従業員にどのように受け取られているのかについて考えておくことが、やりがいを感じながら産業医の仕事をするためには必要だと考えます。「こんなことはない」と思うこともあるでしょうし、「わかりきったことを今更取り上げて」と思うこともあると思います。実際に当てはまるかは、自身で判断してください。

(1) 事業場の期待はさまざま

産業医に何を期待するのかは、事業場によって違います。「従業員の健康状態をより良くして、前向きな気持ちを引き出したい」と考えている事業場もあれば、「とにかく法違反の状態は避けたい」という事業場もあるでしょう。

前者の場合は、期待にぜひ応えたいと思います。ただし、「健康状態」がすぐに変わることはありませんので、過度な期待に対しては少し抑制気味に「みなさんと一緒に考えながら取り組んでいきたい」くらいでスタートを切るとよさそうです。また、リップサービスで前向きな姿勢を示されたり、よくわからずに期待だけが大きかったりすることもあると思います。事業場の対応に一喜一憂せずに、冷静に受け止めておくことも大切です。

後者の場合は、最小限の委任事項を産業医業務として列挙して示されることもあれば、「先生もお忙しいでしょうから、必要な書類に印鑑をついて、ご都合がつけば月1回は巡視として事業場に顔を出してさえいただければ助かります」などと積極的な関与を避けてほしいような言われ方をされることもあるでしょう。このような事業場の期待を頭から否定するのではなく、産業医としての職務をする中で、事業場が少しでも前向きな健康管理に取り組める方向に変わっていくようにしたいものです。事業場の考え方は、すぐに変わるものではありませんので、腰を据えて取り組む必要があるでしょう。

一方で、産業医制度を定めている労働安全衛生法の期待は非常に広い範囲になります。「理想はわかるけど、現実には難しい」と感じている産業医も多いと思いますし、事業場関係者なども同じように思っている面もあると思います。期待されていることは決して悪いことではありません。背中を押してもらっていると理解しておきましょう。

⑵　産業医はどう見られているか

事業場で産業医の仕事をするのですから、事業場の関係者が産業医に対してどのように考えているかを知っておくことも円滑に仕事をするためには必要です。

いろいろなケースがあると思います。「産業医」という制度についてよく理解している事業場もあれば、よくわかっていない事業場もあるでしょう。この違いは、前項の「事業場の期待」に反映されることにもなります。「産業医は医師ではない」と誤解していることすらあります。怒ってみても仕方のないことですから、このような場合は丁寧に説明するしかありません。

また、医療関係者以外の多くの人たちの、医師は「特別な存在」という固定的な見方は、事業場の中にもあります。医師の側も、若くて経験が浅いときから「先生」と呼ばれてきていますので、「特別な存在」としての意識が態度や考え方に出てくることもあります。この結果、事業場は産業医に対して「特別な存在」として当たり障りのない対応になってくることがあります。好ましくない例としては、「一歩も二歩も引いた立場で接する（お伺いを立てる相手であって、意見を交わす相手ではない）」とされたり、「形だけ祭り上げて、意見に対して反論はしないが、その実は聞き流す」、逆に「“医師の権威”で従業員への対応を求める」などもあるかもしれません。

このような場合でも、専門的な知識や経験を持っているのですから、それを活かすことができるように振る舞うことも大切です。ただし、万能ではありませんし、何でも知っている訳でもありませんので、知らないことがあれば、「調べておくから少し時間が欲しい」とか、判断できないことがあれば「このような考えもあるが、もう少し一緒に考えてみたい」とか、不安なときは「取りあえず試験的やってみて必要な場合は見直しをしよう」とか柔軟で謙虚な対応も必要です。このような対応が、産業医としての信頼を高めることにつながると思います。

(3) 責任と無責任を感じながら

産業医の職務に関わる労働安全衛生法の規定は、原則的に労働者の保護の観点から事業者が実施すべき事項を定めたものです。安全衛生に関わる体制整備から健康管理に関わる施策の実施も事業者の責任になります。

産業医は、この法律の下で、事業者との契約に基づいて業務を行うことになりますが、産業医の行う業務に関しても事業者に責任があり、産業医が責任を負うことにはなっていません。見方を変えれば、産業医は、産業医という立場で、事業者が法律上の責任を果たせるようにする役割があるという面があります。

このため、事業者（実際には、実務を担当する者となることが多い）との意思疎通を図ることが欠かせません。定期的な報告や打合せなどを通して意見を言えるような関係を築いておくことが大切です。産業医には、法律で事業者に対して勧告する権限が規定されているのですが、これは産業医の言うことに事業者が従うことを意味するのではなく、産業医は第三者的立場にいる産業保健の専門家として、時として「事業者の耳が痛いことも言わなければいけない」ことがあると考えておきましょう。事業者（会社）が果たすべきとされる安全配慮義務は広くなってきており、社会的責任を担う事業者が的確な判断ができるように、産業医が情報を伝え、判断についてサポートをするという意味でも意思疎通を図る機会を大切にしたいと思います。

⑷　健康経営に関わる

「健康経営」という考え方が広まってきています。従業員の健康管理を経営的な視点で考え、戦略的に実践することです。企業理念に基づき、従業員等への健康投資を行うことは、従業員の活力向上や生産性の向上等の組織の活性化をもたらし、結果的に業績向上や株価向上につながると期待されます。経済産業省などが顕彰制度、「健康経営銘柄」の選定、「健康経営優良法人認定制度」の創設などを通してこの考え方を後押ししています。中小企業への普及にも取り組んでいます。

「健康経営」の進め方や意義（「成果が本当に上がるのか」など）についてはいろいろな考え方があると思いますが、事業場が健康管理に積極的に取り組む契機になるのであれば、いいことなのだと思います。産業医としても、事業場で本当に効果のあがる取り組みになるようリードしていきたいと思います。「あれもこれも」と取り組んで、成果も上がらずに線香花火のように終わり、「あれはブーム（流行）だったから」と振り返るようなことはしたくありません。また、「健康経営のために健康管理を強化する」という言い方は、従業員が「自分たちのためでなく、経営のための取り組み」と受け止めてしまうことがありますので注意が必要でしょう。

⑸ 働き方と働く人たちの変化への対応

ア.「働き方改革」への対応

「**Ⅱ－9. 長時間労働対応の考え方 ⑴**」でもふれましたが、2018年に関係する法令が整備され、「働き方改革」は日本の労働慣行や「働くことに関する考え方」に大きな変化をもたらしてきています。個々の法令への対応の仕方について詳述はしませんが、産業保健分野でも様々な変化が起きてきています。「働き方改革」は就労に関する多様性の容認でもあり、産業保健分野でもこの多様性に的確に対応することが求められています。「健康」に対して従来以上にスポットライトが当たり、産業医が活躍の幅を広げるチャンスだと捉えることもできます。

「働き方改革」では、「長時間労働の是正」「多様で柔軟な働き方の実現」「雇用形態にかかわらない公正な待遇の確保」などが大きなポイントとなっています。「長時間労働の是正」は、日頃から産業医が頭を悩ませることが多かった問題ですが、労働時間についての規制が強化されて（複雑になるケースも考えられ）、面談だけにとどまらない対応を考えることが求められています。長時間労働が減ることによって産業医の面接対象になる従業員は減っていく可能性もあります。事業場としての対応も試行錯誤を繰り返すことになるのでしょう。いずれにしろ、労働時間は事業運営に直結する問題ですから、根本原因に踏み込んだ対策が必要となると思います。産業医としては、事業場にとっても従業員にとってもより良い方向に「改革」が進むような関わり方をしたいところです。「多様で柔軟な働き方の実現」「雇用形態にかかわらない公正な待遇の確保」などへの対応を含めて、健康管理部門として柔軟性を持ったスピーディーな対応が求められています。

あわせて「産業医・産業保健機能の強化」も掲げられており、社会から産業医や健康管理部門が行う活動が従来以上に期待されていることになります。この期待に対しての責任を感じることになる一方、不安もゼロではないと思います。気付いていない課題があるかもしれませんが、課題が見えてきたときには事業場関係者と連携して的確な対応を検討し実施していくことになります。「産業医・産業保健機能の強化」は、産業医のための「強化」ではありません。事業場で働く従業員が健康で前向きに仕事ができて事業の発展に寄与するための「強化」だと考えておくことが必要です。

イ．新たな課題への対応

この本の中でも健康管理で活用できるツールとして、スマートフォン（スマホ）を取り上げました。通勤時などでの「見ながら歩行」という安全の問題もありますが、健康管理上の懸念もあります。幼少期からスマホのない生活が考えられない人たちが従業員として事業場で働いています。眼の問題、頸部や手指の筋骨格系の問題というフィジカルな問題のほか、ゲーム依存などの問題も出てきそうです。ゲームだけでなく、幅広い意味での依存や不安症などが顕在化することも考えられます。人間関係の構築という面で、従来とは違った問題があり、メンタルヘルスの問題につながる懸念もあります。ICTの活用範囲の広がり、AIと人との共存問題、ウェアラブル端末などによる管理などに起因した仕事の質的変化や仕事のやりがいに関わるメンタルヘルスの課題が出てくるかもしれません。新たな課題が次々と出てきそうですが、このような社会の変化（技術の進歩の影響）に目を向け、健康管理面で的確な対応ができるようにしていきたいと思います。従業員の健康を守るという基本が変わるということはありません。

⑹　面白さの発見

産業医の面白さは、いわゆる臨床の場では経験できない「人」とのふれあいにあると思います。産業医が事業場で接する従業員は、基本的には働いている健康な人たちで、固定された（入れ替わりの少ない）人たちです。産業医の業務は「病気」を対象にするのではなく、「人」を対象にしていると言い換えてもいいでしょう。そこには、さまざまな「健康」があります。独自の考え方で健康づくりをしている人や、健康情報に過敏に反応し過ぎている人などもいます。

また、産業医の業務を行うにあたって、科学的・医学的なエビデンスがないことに対する判断や適用の方法などに、自分の考えを活かすこと、活かさざるを得ないことがあります。復職後の就業上の制限や配慮に関しても、機械的に判断することはできませんし、このための明確なガイドラインもありません。産業医経験を積みながら、産業医自身が事業場とその従業員の状況を踏まえた総合的な判断ができる「的確な」判断基準（ある意味でファジーな基準）を作ることも必要になります。数値に基づく判断基準を作ろうとしても、さまざまな関係因子（業務負荷、受入れ職場の体制、従業員の個性など）があって、結局ケースバイケース（各産業医の判断）ということになることも少なくありません。

産業医の判断は「非科学的」になりがちという批判もあるかもしれませんが、「曖昧さ」に責任と面白みと感じることも必要だろうと思います。医学的判断だけではなく、「仕事する人」と「その人が働く職場・事業場」のことまで考えての判断が求められることになります。

<エピソードS>

私自身は、医療機関に勤務している時には「病気」でなければ、「健康」という考えに近かったのですが、産業医になって、医療機関を受診できていない「病気」もあれば、「病気」とは言えないが、人それぞれの「悩み」「病気の手前」状態があることを経験しました。正しい知識を伝えたいと禁煙、節度のある飲酒、定期的な運動など当たり前のように指導しますが、ある時にはそれを実施できない、または、したくない「人」がいるのだと思います。過重労働について産業医としてはきちんとした指導をしなければならないのですが、本人と話をしていますと「今はやらなければならない時」ということが伝わってきます。どのように指導するかは産業医としての悩みもあるのですが、そこでのやり取りに面白みも感じられます。

(7) 身近な存在として

従業員が産業医を身近に感じている事業場は、きっと産業医としていい仕事ができている事業場なのでしょう。当たり前ですが、事業場にはさまざまな従業員がいます。さまざまな個性の従業員が、一つの事業場という場でそれぞれの仕事をしていますので、全員を一括りにして論じることはできませんが、健康に関する意識の水準は総体として捉えることができると思います。従業員の健康を大切にすることは、従業員の前向きな気持ちといい仕事を引き出します。

このようなことを考えながら、産業医として個々の従業員と接したり、事業所長以下の関係者とコミュニケーションを深めたいと思います。このときに必要なことは「納得感」でしょう。「なるほど」と関係者に受け止められることが大切です。「教科書的に○○すべし」としても、形式的な従順が示されて終わることがありますので気を付けたいと思います。

また、産業医の方から積極的に情報提供することも必要です。医師（産業医）は新しい知見を得たり、知識を深めることに熱心だと思いますが、必ずしも「知っていること」を幅広く伝えることに熱心でないことが多いと思います。事業場の中では、従業員の健康にとって有益な情報は積極的に発信し、従業員の健康に対する意識を高め、従業員自身がより健康的な判断をするようにしていくことができます。事業場の風土も変えることができます。待ちの姿勢ではなく、攻めの姿勢と言ってもいいでしょう。産業医として知っていることを、事業場全体の財産にできるといいと思います。

<エピソードS>

事業場の「風土」が変わってきたと感じられたときに、産業医としてのやりがいを強く感じました。例えば、健康診断の診察のとき、いつも血圧が高く出るような従業員に血圧自己測定を勧めると、健康診断受診や医療機関受診の際にはその結果を持参することが当たり前のようになったり、医療機関を紹介したときにその結果を必ず報告（今は医療情報提供書でのやり取りになっていますが）してくれる関係を築けたことなどがあげられます。このような従業員との関係ができて

いく中で、全従業員対象の健康イベント、各種アンケート調査なども、対象者のほぼ全員が参加したり協力してくれる状況になりました。これは産業医だけの努力ではなく、コメディカルスタッフの努力も大きかったと思います。研究論文作成に向けて疫学調査を行ったときにも、事業場としても各従業員も非常に協力的に対応してくれました。

臨床の場面では医師と患者の関係であり、「ありがとうございます」という言葉をよくかけてもらえるのですが、その場でその関係が終わることが多くあります。産業医の場合は、感謝の言葉を聞くことは少ないですが、事業場の風土や従業員の思いが変わっていくことを感じられると、「喜び」につながったり、「感謝されている」と感じることになります。長期的な展望（ある意味で気長な気持ち）を持って取り組んできたことが、自分自身で業務の中で「面白み」を発見できることにつながっていると思います。産業医を続けてきた醍醐味だと感じています。

⑻　産業医への期待

産業医への期待をまとめてみます。産業医が従業員に対して実施することを大別すれば、病気の従業員に対しては仕事に適応できるようにすること、健康な従業員に対しては健康な状態を維持できるようにすることになります。病気も完治、治療中、さらに後遺症残存までの幅があり、仕事への適用は、従事してきた業務（職場）から配置転換まで考える必要があります。健康を維持するといっても、個人によって考え方や行動に幅があります。「禁酒、禁煙、定期的な運動習慣、栄養バランスの取れた食事…」という「正しい」対応はわかっていて実践できる人もいれば、ほとんど関心のない人もいます。疾病といって、感冒だけで落ち込んでしまう人もいれば、悪性の病気でも前向きな気持ちを持って働いている人もいます。産業医は事業場という場所でさまざまな考えの人々と対応し、個々への最適を求めた対応ができればと思います。

行政からもさまざまな通達やガイドラインなどが出されていますが、それをそのまま事業場に当てはめられることはほとんどありません。ファジーな対応、ケースバイケースの対応が求められるのが現実です。ひょっとしたら、産業医として面白さを感じられるか、そして信頼される産業医になれるのかの分かれ目が、ここにもあるのかもしれません。最近の医療機関では、手術前に各種検査がシステマチックに日時の予約がされ、手術方法の説明が行われ、リスクも○%と説明がされ、術後はプロトコール通りに制限が徐々に解除され、以前とは比べものにならないくらい短期間で退院になります。どの医師が手術を行い、誰が主治医だったかもわからないで終了ということもあります。いろいろな意味で医療の水準が上がってきたということだと思いますが、一方で「人間味が薄い対応」と感じている人も少なくないと思います。産業医は町のかかりつけ医に近いという面もあり、産業医には人間味のある対応が欠かせないこともあります。一方で、産業医は、システム構築（制度を作るなど）や各種情報処理（データー元化など）を的確かつスピーディーに行うことが求められ、個々への対応は柔軟で遺漏のないことが期待されている面もあります。さらに、事業場という組織と関わるという面では、経営的なセンスも求められていると思います。

産業医は、今後さらに産業医としての専門性を問われるのだろうと思いますが、「専門性」の中身は筆者にははっきりとは見えません。産業医が中心になってこれから確立していくことになると考えます。視野を広め、見識を深めながら、事業場内にとどまらずに、産業界の発展とそこで働く従業員の幸せに貢献できることを目指したいと思います。

2. キーパーソンを掴む

産業医の職務は、従業員という個人が対象となることもありますが、事業場という組織への対応も大きなウェイトを占めます。言うまでもなく組織は人（従業員）で成り立っていますので、事業場という組織を動かすためにも、産業医の職務を的確に遂行するためにもキーパーソンを掴んでおきたいと思います。

(1) 窓口となる部門

産業医の窓口となる部門（担当者）が決まっていると思います。小規模な事業場であれば、経営トップ（社長、事業所長、取締役など）が産業医業務の窓口になることもあるでしょう。経営トップと直接話ができれば、仕事も早く進むということになりますが、なかなかそうはなりませんし、必ずしも事業場全体の健康管理を円滑に進めるやり方として最善だとは言えません。一般的には、担当する部門や人（衛生管理者など）が、産業医としての仕事を進めるサポート役を担うことになります。

窓口になる人の健康管理や安全衛生管理に関する理解度もさまざまです。いわゆる事務的部分の対応として産業医の窓口業務を担当する人もいるかもしれません。産業医としての業務を円滑に進めるためには、事業場の健康管理や安全衛生管理のキーパーソンを見極める必要があります。

大規模な事業場では、専任衛生管理者が選任され、産業医業務の窓口になり、産業医と連携しながら衛生管理・健康管理に取り組むことになるはずです。産業医も事業場の健康管理部門の所属になることが多いはずです。

なお、窓口となる部門を通してすべてのことを進めていくことがいいとも言えないこともあります。窓口部門を通すことは悪いことではありませんし、楽ですが、窓口というフィルターが掛かることになりますので、この点は頭に入れておいた方がいいでしょう。ただし、窓口部門や窓口となる従業員を無視すると、トラブルの原因にもなりますので注意する必要があります。どちらにしても見極めることが必要になります。

(2) 事業場の考え方

産業医を選任して、事業場の健康管理水準を上げようと考えている事業場が多いと思いますが、それぞれの事業場の考え方もあり、現状維持で十分という事業場もあるでしょう。産業医として望むような方向性（健康管理）になっているとは限りません。このような場合は、すぐに変えたいと考えずに、事業場を知り、事業場の仕事の進め方を見極めて、キーになる部門や人を見極めて相談しながら、事業場に合った形でよりよい状態を目指してください。

また、健康管理を含めた安全衛生管理とその意義に関して事業場トップが十分理解しているとは限りません。このような場合は、必要な対応をしてもらえるように働きかけや工夫をすることになります。時間が掛かることもあると思います。「画策」が必要なこともあります。

なお、法令上の事業者は、経営者や事業場のトップと思っている人がいますが、事業場という組織と理解しておくべきでしょう。トップばかりに頼ったり、トップのことばかり気にすることは、必ずしも的を射た健康管理に結び付きませんし、窓口部門が非協力的になる可能性もあります。組織を活かした健康管理という考え方が必要だと思います。

⑶ 「プラスになる」ように

前述しましたが、産業医業務に関する事業場窓口は、衛生管理者または総務部･人事部といった部門になることが多いと思われます。それぞれの担当者は、どのような思いで産業医と接するのでしょうか。さまざまです。組織は、職制（部門、役職、分掌）に応じてそれぞれの従業員が役割を果たして事業を進めることになります。そして、組織に勤務する人、それも長く勤務してその組織の中で評価を得たいと思っている人の多くは、組織にとって「マイナス」になることを避けたいと考えています。当たり前のことですが、何が「マイナス」になるのかは、これも人によって、あるいは組織によってさまざまです。

代表的な「マイナス」は、担当する人や組織にとって「プラスにならないと思われることに、時間や労力、あるいはお金をかけなければならない」ことです。いわゆる「面倒くさい」ことが嫌われることが多いでしょう。「法令への対応」も法違反にならない最低限の対応にとどめたいと考えている事業場では顕著かもしれません。

何が「プラスになる」という判断に結び付くのかもさまざまです。健康管理に関して「プラスになる」という判断は、産業医が「プラスになる」理由をわかりやすく説明することによって生まれてくることもあります。事業場や従業員にとって「プラスになる」ことを実施して、担当窓口にとっても「プラスになる」との理解にたどり着きたいものです。

「法令への対応」をする場合も、法違反で労働基準監督署から指導を受けたりする「マイナス」を避けるということではなく、「法令への対応」として実施することが「事業場経営のプラスにもなる」という理解に結び付けられることが理想でしょう。また、産業医が健康管理に関わることで、事業経営にも従業員にも産業医は欠かせない存在だということを示すことができれば、産業医としての「やりがい」につながることになるでしょう。嘱託産業医、専属産業医に共通することです。

(4) キーパーソンは？

産業医になってすぐに誰が健康管理を進める上でのキーパーソンかを見極めることは難しいかもしれませんが、時間の経過とともに誰がキーパーソンで、事業場を動かすにはどのようにしたらいいのか見えてくるものです。キーパーソンは、事業所長（総括安全衛生管理者）かもしれませんし、安全管理者かもしれません。もちろん衛生管理者や健康管理スタッフかもしれません。管理者ではない担当スタッフかもしれませんし、経験豊富な現場出身の人かもしれません。良いパートナーとしてのキーパーソンを見つけたいものです。

(5) 職制を大切にする

事業場は組織として事業を営んでいますので、その組織（職制）を無視した取り組みは混乱を招いたり、円滑な業務を阻害したりします。いわゆる人間関係にひびが入るといったことも考えられます。その後の業務に支障を来すことになりかねません。権限があればあるほど、組織を大切にすることが求められます。

ただし、その一方で、どんなことでも組織の枠組みの中で振る舞わなければならないということもありません。意見を聞いたり、情報を得たりすることまで制約はないはずです。事業場によって考え方が違うこともありますので、よく確かめて（感触をつかんで）ください。

一般的に、職制を無視することは、組織の中ではとても嫌がられます。例えば、衛生管理者に相談せずに事業所長に相談して、その了解を得たとします。衛生管理者に対してどのように伝えるのでしょうか。「事業所長が了解したのでこうすることにしました」と言うのでしょうか。一般的に事業所長は事業場でもっとも権限のある職位ですから、事業所長の判断に異論をはさむことは結構ハードルが高いと理解しておいてください。窓口となっている課長を飛ばして部長に話を持って行くということでも同じです。産業医のことを日頃から考えている衛生管理者や課長が「面白くない」と思ってもおかしくありません。後の業務に支障を来すこともあるでしょう。ただし、上司の判断にそのまま従うことが自分の務めだと思っている人もいます。

いずれにしろ、できるだけ、関係するすべての人たちが気持ちよく前向きに健康管理や安全衛生管理の業務を進められるようにすることが、長い目で見れば大切でしょう。それぞれの担当者の出番（主役にする場）を大切にすることは、円滑に仕事を進めることになります。産業医と事業場の関係に限らないでしょう。

⑹　事業者への勧告など

ア．法令の規定

法令で、「産業医は、労働者の健康を確保するため必要があると認めるときは、事業者に対し、労働者の健康管理等について必要な勧告をすることができる。この場合において、事業者は、当該勧告を尊重しなければならない。」（労働安全衛生法第13条）と規定されています。「産業医は、法第13条第5項の勧告をしようとするときは、予め、当該勧告の内容について、事業者の意見を求めるものとする。」（労働安全衛生規則第14条の3）とされ、安全衛生委員会への報告も必要になります。この他、「産業医は、第1項各号に掲げる事項（産業医の職務として規定された事項）について、総括安全衛生管理者に対して勧告し、又は衛生管理者に対して指導し、若しくは助言することができる。」（労働安全衛生規則第14条）という規定もあります。

法令上、健康管理に関して大きな権限が産業医に与えられていることになります。裏返して言えば、健康管理に関する産業医の責任も重いということになります。法令の規定だけを取り出してみると、とても重苦しく、事業者（事業場）と緊張感のある関係にあることが求められているように感じられますが、余程の場合を除いてそんなに堅苦しく考える必要はないでしょう。事業者といっても、現実にはその委託を受けて事業場の安全衛生管理を担当している部門長（管理権限を委託されている）を指していると考えても差し支えないでしょう。事業場の規模によっても実質的な「事業者」は異なります。

イ．事業者とのコミュニケーション

このような法令の規定があることは知っておくとしても、日ごろから総括安全衛生管理者（事業所長など）、安全衛生部門の部門長、衛生管理者などの関係者とコミュニケーションが取れていることがもっとも大切です。法令の趣旨を活かすことにもなります。できれば定期に懇談し、事業場の健康管理上の課題をフランクに提示し、対応を検討することができればいいと考えます。事業場のことだけでなく、法令の改正や産業界の動き、他社の健康管理情報なども説明するといいでしょう。総括安全衛生管理者などの「事業者」は幅広い情報を得て、事業運営について判断することになりますので、事業運営を支える従業員に関わる情報は貴重な情報です。もし、このような場が設けられていない場合は、産業医としてこのような場の設定を衛生管理者などの事業場関係者に提案することを勧めます。

ただし、総括安全衛生管理者（事業所長など）が健康管理の問題に精通していることは稀ですので、課題を提示するときは、わかりやすく説明することが欠かせません。専門用語を並べると「先生にお任せします」ということで終わってしまう可能性もあります。相手の立場を考えて、関心を引き出すように話をすることが必要になります。また、一般的に総括安全衛管理者のような上位職にある人たちは、組織の中で高い評価を受けてきた人ですので、どのようなことに対しても自分の考えを示さなければいけないと考えていることがあり、健康管理についても多少的外れな発言をすることがあるかもしれません。発言の意図を探りながら対応することが必要な場合もあるでしょう。

なお、法律を盾にして事業者に立ち向かうという発想は、事業場関係者にとって産業医が必要以上に煙たい存在となってしまい、かえって従業員の健康管理の充実に結び付かなくなる可能性がありますので注意しましょう。

3. コメディカルスタッフとともに

事業場に保健師や看護師などの医療専門職（いわゆるコメディカルスタッフ）がいれば、産業医にとって身近で強力なパートナーです。大規模な事業場では、コメディカルスタッフだけでなく、複数の産業医や産業医以外の医師・歯科医師とともに健康管理に取り組む体制になっていることもあります。この章では、医師・歯科医師以外の医療専門職および医療専門職以外で専門的に健康管理に関わるスタッフとの関係について考えてみます。なお、これらの人たちをまとめて健康管理スタッフと総称して記載している箇所もあります。

(1) コメディカルスタッフの位置付け

常勤の専属産業医が選任されていない事業場でも、コメディカルスタッフが、常勤またはそれに近い形で勤務していることがあります。この場合、日常的な健康管理業務はこのスタッフが担うということになります。産業医が常勤であれば対応するであろうことをコメディカルスタッフが担当することもあるでしょう。

専属産業医が選任されるような大規模な事業場では、健康管理の業務に従事するコメディカルスタッフが配置されて（従業員として雇用されて）いることが多いと思います。このような事業場では、コメディカルスタッフの力を活かして健康管理の業務を進めることになります。

⑵　医療機関とは違う位置付け

　事業場では、産業医は法令で選任が必要ですが、他の健康管理スタッフの選任義務はありません。言い方を替えれば、産業医は法令があるから事情の如何を問わず選任されるのですが、他の健康管理スタッフは法律上の規定がないのに雇用（非常勤や派遣の場合を含めて）されていることになります。事業場が必要だと判断しているからこそ、事業場で雇用していることになります。産業医としてこの位置付けは認識しておくといいでしょう。

⑶　さまざまな健康管理スタッフ

　事業場の健康管理スタッフとしては、保健師、看護師、診療放射線技師、臨床検査技師、歯科衛生士、薬剤師、栄養士、公認心理師（臨床心理士）、精神保健福祉士、産業カウンセラー、ヘルスケアトレーナー、事務職などが考えられます。関係法令で、医療サービスを担う資格を持った人もいれば、広く知られている民間資格を持った人もいます。
　それぞれの健康管理スタッフの役割は、その資格がベースになっているはずですが、事業場では有資格者としての仕事以外にも仕事を担当していることも多いと思います。事業場の中でどのような役割を担っているのか確認することが必要です。健康管理スタッフは、産業医業務を円滑に行うためにも、従業員の健康管理をより的確に行うためにも欠かせない存在です。産業医として、うまく連携をとれるようにすることが欠かせません。

⑷　産業医の職務と健康管理スタッフ

法令で、事業者は「医学に関する専門的知識を必要とする」事項を産業医に行わせなければならないとされています。ただし、「医学に関する専門的知識を必要とする」範囲の線引きは難しいですし、だからと言って「医学に関する専門的知識を必要とする」事項を幅広く解釈して法令に列挙されている健康管理に関する事項すべてを産業医が一人で実施することも現実的ではありません。衛生管理者や健康管理スタッフ、さらにはその他の事業場の関係部門と連携して、健康管理の業務を円滑に進められるようにすることが大切です。とりわけ健康管理スタッフが果たす役割は大きくなります。産業医でなければ取り組むことができないことは何かを整理して、健康管理スタッフに活躍してもらうようにしたいものです。法令で規定された職務について手を抜くのではなく、効率的で実効の上がる方法で職務を遂行するように考えてください。

専門的知識と経験のある健康管理スタッフが最初からいれば心強いのですが、必ずしもそのような体制になっているとは限りません。後述しますが、健康管理スタッフの育成も、産業医の職務を的確に進めるために欠かすことはできません。

どのような場合でも、産業医としての巡視と衛生委員会（安全衛生委員会）への出席は、健康管理スタッフに委ねることはできないことは忘れないようにしてください。

≪エピソードS≫

大規模な事業場で複数の看護職がいて、その分担の仕方についていろいろと考えることがありました。事業場に複数の看護職がいる場合、A保健師は一般定期健康診断、B保健師は特殊健康診断といったように分担を決めていることがよくあります。場合によっては特殊健康診断の種類によって担当を分けていることもあります。ある1人の従業員のことに対しての問い合わせの電話に、「その件は担当者が不在で後日にお願いします」という回答が頻回に起こっていないでしょうか。業務種類別の担当制でそれを長期に続けることは事務的な処理効率が年々上がりますので、悪いことだと断定的に言うことはできませんが、従業員からは違和感を持たれることもあります。2−3年単位の業務分担の変更を勧めます。全部を変更するのでなく部分的に変更していくのです。最初は慣れない事をやることになるので強い拒絶感もありますが、慣れれば意外と問題は少ないという印象です。実際には、人の入れ替わりが激しく業務分担の変更は1度もやれていないということも耳にしますが、空いたところ（担当者が抜けた業務）に新しい人をはめ込むことで、かえって人が定着しないという原因になっていないでしょうか。多くの人ができる限り業務を経験しておくようにすること（多能化）が重要だと私は痛感しています。

看護職が自身の専門性（資格）による業務をしているのは1日のうちでどのくらいでしょうか。実際には「この業務は自分でなくても？」と思いながらしていることが多いような気がします。新たに業務をやってもらう際に業務の重要性をきちんと説明し、進捗管理を行いながら適切に評価する（できていればほめる）必要があります。「空いている時間でやっておいて」のような仕事の指示の仕方では責任を持った仕事にはつながりません。また、専門から少しはずれた業務と思うことがあっても、かえって改善点をたくさん見つけることができることもあります。改善していくことも立派な業務であり、専門性にこだわり過ぎていると気付きにつながりにくいということがあるのかもしれません。

⑸ 情報の一元管理

健康管理スタッフの中で役割分担をすると、情報の取扱いが問題になることがあります。それぞれの担当が丁寧な対応を行えば行うほど、情報も多くなっていき、個々の従業員の健康に関する全体像を把握することが大変になってきます。個人ファイルを作ると、健康診断の結果、特殊健康診断の結果、事後措置記録などとファイルが厚くなります。項目ごとにファイルすると、せっかくの情報が分散されてしまい、全体像を把握できないことになりかねません。注意が必要です。パソコンなどのシステムを使う場合でも一画面で全体像が把握できるようにしたいものです。できないようであれば、改善したいと思います。

長年勤務する看護職などがいると、その人に聞いたら何でも知っているということもありますし、健康情報の個人毎のサマリーのようなものが逐一更新された状態で管理されているような事業場もあります。このようになっていると産業医として仕事がしやすいということになります。一方で、個々の従業員の健康に関する情報の一元管理ができていない事業場もあります。「**Ⅱ－3．健康診断の企画と運営（9）**」でもふれましたが、原因は中途半端な健康管理システムの存在にあったり、健康管理システムはあるが使おうとしないスタッフ（産業医も含めて）がいたりということが多いと思います。

健康管理スタッフは、従業員の健康情報を基に最適な対応策を考えて、その従業員に提供することが必要です。必要な情報をうまく使えるような仕組み（健康管理システムも）にして活用したいものです。集団としての分析も想定して、健康管理の情報を「使える」情報にしておかなければなりません。事業場として必要な施策を考えるベースにしていくことになります。

臨床の現場では、AIの診断などでの活用、データ処理なども含めて医療技術の進歩は目覚ましいものがあります。健康管理の分野でもこのような技術の進歩を活用していくことも求められていると思います。このためにはデータをきちんと整理しておくことが必要です。考え方を健康管理スタッフと共有しておいてください。

(6) 保健師をパートナーとして育てる

事業場の健康管理を進めるうえで、産業医の強力なパートナーとなることが多いのは保健師でしょう。ここでは、保健師を採用する場合の課題について考えてみます。他の医療専門職にも当てはまることも多いと思います。

保健師養成の専門課程で産業保健の講義数が少ないこともあり、企業へ就職を希望する人は多くないようです。一方、企業では、保健師を採用するときに、経験を重視して他の企業での勤務経験を採用条件にしているケースも多く聞かれます。このためもあってか、派遣などで複数の企業にそれぞれ短期間勤務した経歴を持つ保健師も少なくありません。短期間の企業勤務は、どうしてもその場限りの保健指導といった業務が中心になり、事業場の健康管理を中長期的な視点に立って行うという視点が十分養われていないことがあります。一方、企業で長年保健師として勤務してきた経験者の場合は、勤務していた企業の文化や仕事の仕方での経験ですから、経験をそのまま移籍先で活かせないこともあります。健康管理は、企業文化を踏まえて行わなければ実効が上がらない面もありますので、「経験を踏まえてこれまでのようにやってください」というわけにはいきません。経験を尊重しながらも、採用後の十分な教育・指導が必要です。新卒や経験の浅い人の場合は、なおさら事業場での教育・指導が大切です。

≪エピソードS≫

私が産業医になった頃は、保健師の絶対数が少なく、なかなか事業場で保健師を採用できない状況がありました。4年間の教育課程で看護師と保健師の資格を取得できるようになったことで、事業場での保健師の採用が比較的容易になりました。このようなこともあり、採用面接で保健師の有資格者と接することが増えました。私のいた事業場では、幸い意欲のある保健師を採用することができましたが、有資格者の中で、保健指導をすることに意欲を持って研さんを積んできた人の割合は減ったのではないかとの印象も受けました。このような意欲を高めることを含めて、事業場内での育成を考える必要があると思います。

(7) 幅広く活躍できるように

新卒や経験の浅い保健師などのコメディカルスタッフを採用して、採用後の教育･指導を行うときに注意が必要なことがあります。医療関係の仕事に就く人は、基本的に一人ひとりの人＝「個人」の健康への思いが強いと思います。臨床の場では、「患者さん」というケアすべき明確な対象がいて、個人を大切することが必要です。しかし、事業場の健康管理では、健康管理の対象が基本的には健康な人であり、事業場という従業員集団となり、「個人」との関わりが薄くなる面があります。このため、個人を対象にする臨床と違い、充実感を得たり、達成感を感じたりしにくいと思うことがあるかもしれません。

このようなこともあってか、事務的な作業に対して、「雑用」という言葉で避けようとする人もいます。事業場（特に大きな規模の事業場）での健康管理は、組織の中で、組織を動かしながら進めなければなりませんので、いわゆる事務的な仕事は欠かせない面があります。会社には「雑用」という仕事はなく、誰かがやらなければならない仕事ということになります。当初は「雑用」と思える仕事でも、健康管理の仕事を円滑に効率的に実施するためのノウハウとして活かせることはたくさんあります。一つひとつ業務を覚えながら、組織の中で「従業員が安全で健康な会社生活を送れるようにする」という個から集団への視点を持つような教育が必要だと思います。

他の資格を持つコメディカルスタッフも、それぞれの専門性を尊重しながら教育し、組織の中での仕事の進め方を学べるようにすることが大切です。これを円滑に進めるには産業医の関与が重要で、産業医自身が事業場組織を知り、仕事の進め方を理解した上で、健康管理の「仕事」の全貌を理解しておく必要があります。産業医も最初からこのようなことがすべて理解できるはずもありませんが、産業医がこのような仕事の進め方に関する基本的な理解をした上で、事業場の衛生管理者や関係する部門などの協力を得て、コメディカルスタッフの教育・指導をすることになります。

コメディカルスタッフの資格に基づく専門性について注意したいこともあります。コメディカルスタッフの専門性（資格）を生かすことは大切なことですが、資格にこだわり過ぎて、業務を限定したり、専門分野の仕事を任せきりにしないようにすることが必要です。専門性に強くこだわったり、関係者が専門性を尊重し過ぎて、業務の幅が狭くなり、組織の中で健康管理を進めるために必要な経験を積むことができなくなってしまうことがあります。産業医を含めて、関係者が専門的なことなのでわからないという口実で、任せきりになってしまっているということもあるようです。事業場の健康管理を共に担っていくためにも、それぞれのコメディカルスタッフが事業場従業員の一人として評価を得られるようにするためにも、心がけておいてください。

⑻ 実力を向上させる

専門分野を活かしながら、健康管理スタッフに活躍してもらうためには、仕事を通して経験を積むだけでなく、社内外での研修などを受講するなどしてその実力を高める機会を作ることが大切です。一つは、事業場の従業員としての階層に応じた教育（新入社員教育から管理職教育などまで）を受講することです。職位や年齢に応じた教育を受講させたいと思います。

次に、コメディカルスタッフとしての専門性を高めるための教育も必要で、この面で産業医の果たす役割は大きいと思います。事業場内では、健康管理スタッフ同士の勉強会や、産業医からの最新情報などに関するレクチャーなどがあるでしょう。事業場外では、都道府県産業保健総合支援センター、中央労働災害防止協会、日本産業衛生学会などの研修をうまく組み合わせて利用するのもいい方法です。

事業場内での課題発表（事業場内学会発表のようなこと）を計画的に実施することも考えられます。発表するためにデータを整理して、発表の内容を考察し、聞いている人たちに理解してもらうために工夫し、発表時の質疑応答の中で新たな視点に気付くなど、それぞれの健康管理スタッフの実力向上の機会になります。発表する場には事業場の健康管理スタッフ以外の管理部門の管理者などにも参加してもらうと、より事業場に合った形で健康管理の実効性を上げることにつながるでしょう。

また、産業衛生学会など関係する学会などに参加する機会を設けることも、知識を深め、視野を広げるために有用です。業務として取り組んできたことを学会発表に結び付けることが、健康管理スタッフにとって刺激的で成長する機会になることもあります。ただし、事業場に関わることについて学会発表しようとする場合は、事業場の規程に沿って対外発表の許可を得るなどの対応が必要です。産業医自身が発表する場合も同じです。

4. 衛生管理者と連携する

産業医研修会で「衛生管理者との連携は重要」という講義があったと思いますが、理解できましたか。「なぜ？」「具体的にイメージできない」などの印象を持ちませんでしたか。衛生管理者がどのような存在で、事業場の中でどのような位置付けになっているのかを知らなければ連携して業務を進めることは難しいと思います。この章では、衛生管理者との関係について考えてみます。

産業医の業務を円滑に進め、実効を上げていくためには、衛生管理者の業務を知り、衛生管理者の個人を知り、お互いの立場を尊重し、率直に意見を交わせる関係を築くことがポイントになります。

(1) 衛生管理者の業務を知る

法令で、産業医は、その職務に関して「衛生管理者に対して指導し、若しくは助言することができる」（労働安全衛生規則第14条）とされています。実際に指導したり、助言するか否かは別にして、まずパートナーである衛生管理者の法令上の職務を確認しておきましょう。「事業者は、…衛生管理者を選任し、衛生に係る技術的事項（次頁の表）を管理させなければならない。」（労働安全衛生法第12条）とされています。なお、法令で用いられている「技術的事項」は、「必ずしも衛生に関する専門技術的事項に限る趣旨ではなく、…衛生に関する具体的事項をいう」（通達）という意味です。

法令に規定された衛生管理者の職務

1. 事業者が衛生管理者に管理させなければならない業務（総括安全衛生管理者が総括管理する以下の業務のうち衛生に係る技術的事項、労働安全衛生法第12条）
 ① 労働者の危険又は健康障害を防止するための措置に関すること。
 ② 労働者の安全又は衛生のための教育の実施に関すること。
 ③ 健康診断の実施その他健康の保持増進のための措置に関すること。
 ④ 労働災害の原因の調査及び再発防止対策に関すること。
 ⑤ 安全衛生に関する方針の表明に関すること。
 ⑥ 危険性又は有害性等の調査及びその結果に基づき講ずる措置に関すること。
 ⑦ 安全衛生に関する計画の作成、実施、評価及び改善に関すること。
2. 衛生管理者の定期巡視及び権限の付与（労働安全衛生規則第11条）
 ① 少なくとも毎週1回作業場等を巡視し、設備、作業方法又は衛生状態に有害のおそれがある場合は、直ちに労働者の健康障害を防止するため必要な措置を講じる。
 ② 事業者は、衛生管理者に対し、衛生に関する措置をなし得る権限を与えなければならない。

付与する権限に関して次のような行政通達が労働安全衛生法制定時（昭和47年）に出されています。権限ですから、衛生管理者の義務ということではありません。内容的に現在の健康管理・衛生管理に必ずしもマッチしているとは言えないところがあると思います。

衛生管理者がなし得る権限としての具体的な「衛生に関する措置」（昭和47年基発第601号の1）

 ① 健康に異常がある者の発見及び措置

② 作業環境の衛生上の調査
③ 作業条件、施設等の衛生上の改善
④ 労働衛生保護具、救急用具等の点検及び整備
⑤ 衛生教育、健康相談その他労働者の健康保持に必要な事項
⑥ 労働者の負傷及び疾病、それによる死亡、欠勤及び移動に関する統計の作成
⑦ その事業の労働者が行う作業が他の事業の労働者が行う作業と同一の場所において行う場合における衛生に関し必要な措置
⑧ その他衛生日誌の記載等職務上の記録の整備等

衛生管理者の業務と産業医の職務（「Ⅰ－1．産業医としてスタートを切る」章末の表参照）と比べてみてください。ほとんどが重なりますが、産業医の職務が「医学に関する専門的知識を必要とする」事項であり、具体的な事項として「長時間労働に対する面接指導」と「ストレスチェック並びに面接指導」の実施及びその結果に基づく措置に関すること以外は、衛生管理者の職務の方が幅広く包括的です。衛生管理者は、国家試験合格者として、事業者（会社）から「専門的知識を活かして事業場の衛生管理を行う業務」を託されていると読み取れます。産業医の秘書のような存在ではないのです。

ただ、このような法令の規定について、詳細に比較してみても実務上はあまり意味はなく、衛生管理者も産業医と同様に従業員の健康管理・衛生管理に関して責任のある立場にいると理解しておきましょう。ここで言えることは、健康管理・衛生管理の業務について、産業医（特に専属の産業医）と衛生管理者の両者が調整することなくバラバラに業務を進めることになれば、1つの業務を双方が行うという非効率・無駄が発生する可能性がありますし、逆に事業場の健康管理・衛生管理の業務に抜けが生じることも考えられます。事業場における衛生管理全般を担うという視点で、産業医と衛生管理

者は連携し、協力しながら実施していくことが必要となります。

また、現実には、衛生管理者が他の業務を兼務している（実際に職務規定として明記してない場合も含めて）こともあると思います。事業場の衛生管理者がどのような業務を担っているのかについて、産業医としても理解した上で、連携のあり方を考える必要があります。余程大きな事業場や衛生管理上の大きな課題がある事業場でない限り、衛生管理者が日々衛生管理の業務のみに追われているということも少ないと思われます。衛生管理者として実施すべき課題が少ない場合と、兼務している業務が多忙だったりして衛生管理者としての仕事が二の次にされている場合もあるでしょう。法令上の資格があるから選任されたけれども衛生管理の業務に関心が無い（やる気がでない）衛生管理者もいるかもしれません。このようなことは、衛生管理者に限ったことではありません。「連携する」ためには、パートナーの状況や個性を見極めて、「その気になってもらう」ことも必要だということになります。

≪エピソードS≫

私が研修医として初めて病棟で働き始めた時に、指導医は「見て学べ」というスタンスでした（その頃の時代だからということがあるかもしれません）が、たまにあるピンポイントの指摘は強く心に残っています。夜の病棟で対応に苦しんでいる時には、ベテランの看護職の「○○先生はこうやっていたよ」というありがたい独り言？によって窮地を脱することがあったり、その後「一人前になってきたじゃない」と言われて、自分ながらに成長を確認できたこともありました。このような指導医やベテラン看護師の役割を、ベテランの衛生管理者には期待したいと思っています。

(2) 衛生管理者を知る

産業医は一人ひとりの従業員のことを知って、健康管理に活かしたいという気持ちで業務を行いたいと思いますが、その第一歩として衛生管理者のことをよく知ることは大切だと思います。良いところばかりでなく、ちょっと気になるところもあるというのが普通でしょう。衛生管理者にもいろいろな人がいます。非常に的確に産業医に情報を提供し、健康管理・衛生管理を産業医と連携しながらマネジメントすることができる人もいれば、そうでない人もいるでしょう。

立場もさまざまです。組織の長（部門長）で課長や部長として権限を持っている人もいるでしょうし、課長や部長などの指示の下で担当として仕事をしている人もいるでしょう。衛生管理者という法令の規定からだけからは判断できない、事業場という組織の中での位置付けがあることも知っておきましょう。衛生管理者が担当者である場合は、衛生管理者とともにその組織の長に相談したり、対応を要請したりすることが必要なこともあります。

衛生管理者の経験もさまざまです。会社入社の時点から専ら衛生管理を担当してきた人も稀にいますが、他の部門で衛生管理以外の職務を経験した後に、異動や職務変更に伴って衛生管理を担当することになった人が大半でしょう。後者の中には、事業場で豊富な経験を持った人もいます。産業医の業務を進める上で、衛生管理者の衛生管理に関する経験や知見も重要ですが、衛生管理者の事業に関する経験や事業に関する情報（業務推進体制、事業内容など）、各部門の職場の情報（担当業務、雰囲気、人間関係など）も非常に重要です。産業医の業務は、事業場と事業場で働く従業員のことを理解した上でなければ、的確に進めることができません。衛生管理者をはじめとした事業場関係者の経験や知見を活かしていくという視点を持っておいてください。

> **≪エピソードS≫**
> 今まで数多くの産業医と接してきましたが、産業医としての意欲や力量などはさまざまだと感じてきました。これは、衛生管理者でも同じで、産業医以上に幅があったと思います。産業医を指導的立場で導いてくれた人もいれば、衛生管理者としての業務（立場、職位など）を否定的に捉えて、職務に後ろ向きの人もいました。やる気はあっても、あまりにも業務範囲が広いためにかえって何をやっていいかわからずに空回りをしている人や、身動きが取れずに何もできなくなっている人もいました。関係者の注目を集める事件・事故処理の仕事のときだけ、活き活きとしているように見える衛生管理者もいました。衛生管理者に限らず、いろいろなタイプの人たちとうまく付き合い、その力を引き出しながら仕事を進めることが組織では重要だと感じています。

(3)　連携の考え方／役割分担の考え方

人には得意・不得意があります。産業医でも同じでしょう。ICTに詳しく、コンピュータソフトの活用や統計解析が得意な人もいれば苦手な人もいるはずです。面談が得意な人もいれば苦手な人もいるでしょう。教育講師や組織リーダーなどの役割についても同じです。産業医は、通常事業場には1人しかいませんので、自ずと健康管理の責任者の立場になることが多いと思いますが、そのため、すべてのことができないといけない（万能でなければいけない）ように感じることがあります。しかし、現実には無理なことですし、同じようなことは衛生管理者にも当てはまります。関係者の責任と権限、経験と得手・不得手なども勘案しながら、事業場の健康管理・

衛生管理を円滑に進めていくようにすることが必要です。資格や職分だけにこだわって役割分担を決めるのではなく、時には、健康管理スタッフを含めた現有の人材で最大のパフォーマンスを出すという観点で、分担の見直しを検討するといいこともあります。衛生管理者や健康管理スタッフの役割分担を、既定の枠組みの中で捉え過ぎないようにしたいと思います。健康管理・衛生管理の業務は広範囲に及びますので、効率や実効性も考えて分担し、幅広く活躍できるようにしたいものです。

≪エピソードS≫

30歳近くに初めて企業に専属産業医として勤務を始めた時は、衛生管理者（その時所属していた安全健康室の室長になります）には、会社での仕事の仕方を1から指導してもらったと思っています。また、産業医として活動しやすい環境を整備してもらっていたことを後々に実感しました。その室長が異動した後は、私と近い世代の衛生管理者と時にはアフター5の時間もともにして、衛生管理についてお互い切磋琢磨して成長していったと思っています。

⑷ 衛生管理者とともに

産業医が、一つの事業場に複数いることは稀ですので、自ら学ぶという姿勢が大切です。衛生管理者の場合は、複数選任されていることは少なくありませんが、指導体制が整っているとは限りません。衛生管理者も産業医と同じく、それぞれが自ら学ぶという姿勢が大切だと思います。衛生管理者が、より的確な業務を進められるようにするために、産業医と共に業務を通して学ぶ機会を作ることもできると思います。例えば、特殊健康診断の対象者選定や作業環境測定場所の見直しなどを行うために一緒に現場に出て行ってディスカッションをすることもできます。喫煙対策などの進め方についての検討も知恵を出し合うことが不可欠です。健康教育や衛生教育の内容についての検討や、健康診断やストレスチェックの結果に基づく各職場の課題についての検討にも深みが増します。業務を通して衛生管理者と意見を交わすことが、産業医としての事業場ならではの経験にもなります。

なお、衛生管理者に限りませんが、共に仕事をする人たちが高い評価を得られるようにすることも、企業の中では大切です。評価されると、より前向きに業務に取り組むことになります。健康管理・衛生管理は、個人プレーだけではうまく進めることができませんので、関係者全員のモチベーションを上げることに意を用いたいと思います。特に、健康管理や衛生管理の仕事は、派手さもなく、事業収益にも直結しませんので、事業場内で高い評価を得ることが難しい面があります。産業医が医師としての一定の社会的評価が背景にあるのとは違い、衛生管理者は誰かが支える必要があります。その役割の一端を産業医も担っていると考えておいてください。

⑸ 衛生管理者を頼る

産業医をしていると事業場の課題やその対応方針について「知りたいこと」が出てくると思います。事業場全体の課題もあるでしょうし、個々の職場や作業に関することもあるでしょう。このようなときには、衛生管理者にまとめてもらうといいと思います。実際には、衛生管理者の実力と得手不得手を見極めながらということになりますが、「頼りにされる」と人は前向きな気持ちになるものですし、お互いの信頼関係も深まります。課題がまとまっていることは、事業場にとっても、産業医にとっても、衛生管理者にとっても欠かせないことです。

まとめる対象は、事業場の衛生管理上の課題（リスク）についての全体像、作業環境・執務環境、作業方法・作業負担、ダイバーシティ・労働力不足、心身の健康などが対象になりそうです。足元の問題だけでなく、将来も見通して、事業場としてどのような衛生管理の課題があり、どのように対応していこうとしているのか整理しておければいいでしょう。法令順守の課題や、労働問題、訴訟、社会的責任、生産性など、事業経営につながる課題があるかもしれません。

＜課題のまとめ方…項目の例＞

① 課題の概要
② 課題とする理由（背景）
③ 現在までの取り組みと現状（データ）
④ 今後考えられる状況変化（最悪の事態）
⑤ 今後の対応方向

5. 組織の中の産業医

企業（事業場）が安全衛生管理に取り組む理由は何でしょうか。そもそも企業とはどのような存在なのでしょうか。企業（事業場）といっても規模も事業内容もさまざまですし、その経営（方針）・経営課題もさまざまです。企業における健康管理は労働安全衛生法等に基づく安全衛生管理の中に含まれていますが、その意味はもっと深いものがあると思います。各章で記載したことと重なる内容もありますが、「組織の中で仕事をする」ことについて考えてみます。

(1) 労働安全衛生法令にとどまらない

ア. さまざまな法令

事業場に共通しているのは、言うまでもなく「法令に従って管理をしなければならない」ということです。「法令に従う」と言っても、罰則を伴う強制法規への対応もあれば、法令などによって事業場としての取り組みを促されてということもあります。所管省庁からの指導（通達、指針など）や主導による業界取り組みなどもあります。労働安全衛生法だけでなく、運輸業や建設業に関わる法令などにも、労働者の健康管理についての規定があります。厚生労働省の所管というだけでなく、経済産業省、国土交通省、文部科学省など、産業と人に関わることを所管する部局でも安全衛生管理が重要な課題と位置付けられています。医療従事者の安全衛生管理についても、関連する法令があることは周知の通りです。産業医という制度は労働安全衛生法に基づくものですが、従業員の健康管理に関わる労働安全衛生法以外の法令についても必要に応じて確認しておきましょう。

イ．時代の移り変わりとともに

企業の安全衛生管理に対する考え方はさまざまです。それぞれの時代（社会的要請）によっても違います。例えば、労災補償制度もない時代には「ケガと弁当は手前持ち」などと言われ、安全衛生管理は労働者の自己責任が基本でした。現在は、関係法令が整備され、事業者の的確な対応が求められるとともに、幅広い意味で価値を生み出す安全衛生管理という視点での取り組みにも目を向けることが大切になってきていると考えます。

日本では最初の労働者保護法として1911年に工場法が公布（1916年施行）されましたが、その内容は限定的なものでした。第二次世界大戦後の1947年に労働基準法が施行されて、労働安全衛生管理が事業者責任と位置付けられて、その内容も徐々に充実されていきました。1972年に労働安全衛生法が、安全衛生管理に関する包括的な法令として制定され、これを機に、労働災害は大幅に減少しました。一方、その後も技術の進歩などを含めた社会・産業界の変化もあり、健康管理を含めた安全衛生上の問題は変化してきています。労働安全衛生法制の充実が図られ続け、行政の指導内容も細部にわたり、社会的要請なども変わってきています。

ウ．企業を支える

このような状況の変化の中で、企業の安全衛生管理はどのようにあるべきなのでしょうか。企業内の資源（資金、人材など）を、外部（法令や社会）からの要請（ある意味で圧力）を受けての対応だけに振り向けるのではなく、それぞれの企業やそこで働く従業員にとって本当に意義のあることとして活かせているのかを考える必要があると思います。産業医としての仕事は、このような企業（事業場）の中での仕事をすることになります。事業場にとっても、従業員にとっても意味のある健康管理にしたいものです。

なお、労働安全衛生法は、基本的に事業者と労働者という二軸の設定で規定されていますが、対立する関係にあるという固定的な見方を昇華させて、健康管理問題を考えた方がよいケースも少なくないでしょう。また、企業（事業場）にとっては、経営者の健康管理も重要な課題です。特に起業して急激に事業規模を拡大して、産業医の選任が必要になったような企業では、経営者は否応なしに過重な負荷の中で仕事をしていることも考えられます。労働者の健康の問題にとどまらず経営者にも目配りできればと思います。

⑵　社会的要請に応えて

社会的要請に応えることが、企業価値を高めることになる面があります。逆に言えば、社会的要請を無視すれば、指弾され、企業価値を毀損してしまうことになりかねません。安全衛生管理も社会的要請に含まれています。

ア．幅広い社会からの要請

社会的要請の代表が法令順守になります。企業の中では、コンプライアンスという言い方がよくされます。コンプライアンスは、幅広い意味で使われることがありますが、この中核は法令順守です。

この他、上場企業では、内部統制管理という制度的な管理が求められています。CSR（Corporate Social Responsibility、企業の社会的責任）やSDGs（Sustainable Development Goals、エスディージーズ、2015年に国連本部で採択された「持続可能な開発」に関する文書）への対応などを掲げる企業もあります。CSRに関してはISOの規格（ISO 26000（社会的責任に関する手引）、JIS Z

26000）も制定されています。

これらの関連で、世界で広がっているESG（環境Environment、社会Social、ガバナンスGovernance）投資といって、ESGへの対応を投資の判断基準に組み込むという考え方も機関投資家を中心に世界で広まってきているようです。ESGへの積極的な対応を掲げる企業も少なくありません。「社会Social」の中に「health and safety」「working conditions」「employee relations and diversity」が含まれ、健康管理を含めた安全衛生管理が位置付けられています。このように社会的要請に関する考え方はどんどん拡充し、新しい概念も生み出されています。

イ．要請に実質的に応える

このように書くと、コンプライアンスなどの問題に取り組んでいる企業は問題が無いかのような印象を受けますが、実態はさまざまです。経営者から職場のすみずみまで考え方が浸透して、働きやすい環境の中で従業員の前向きな業務がどんどん企業価値を高めていくといった企業もあると思いますが、一方で、経営者が熱心でも実態がついていっていないとか、体制などはあっても形式的なものにとどまっているなど、実効を伴わない場合もあります。社会的に指弾を浴びる事件につながっているケースもあります。形を整えても、いわゆる「魂を入れる」ことは結構難しいことです。健康管理を含めた安全衛生管理も例外ではありません。産業医としては、このようなことに関しては、「実効を上げることになっているか」といった視点を持っておくといいでしょう。

ウ．企業を支えて要請に応える

もう一点、重要な視点として、企業の立場に立つということがあります。健康管理を含めた安全衛生管理は、従業員の業務への姿勢に大きな影響を与えますし、労働力不足（採用）、高齢者雇用、ダイバーシティ、外国人労働者の就労、事業継承など事業に直結する課題への対応ということにもつながります。健全な企業経営を継続するために、安全衛生管理は欠かせないということです。「わかっている」と思われるかもしれませんが、これを実態に反映する（現実を変えていく）ことは、それほど簡単なことではありません。産業医としても、このようなことを頭に入れながら、どのようにして企業や従業員にアプローチすればいいのか考えてみてください。法違反を問われることがないようにする安全衛生管理という範囲にとどまらないようにしたいものです。

繰り返しになりますが、安全衛生管理は、企業にとっても従業員にとっても「よりよい会社（事業場）」にする取り組みということにもなります。経営からみれば、「従業員が大きな価値を積極的に生み出す」ことにも結び付くことになります。

例えば、IT関連の事業の場合は、人材の確保や、その人材に専門的な能力を存分に発揮してもらうということが重要な課題です。スマホやウェアラブル端末の利用などのICT関連ツールを活用しての従業員の健康管理、在宅勤務やフレキシブルな勤務、社員食堂などでの健康的な食生活支援、事務所にリラクゼーションスペースを設けるなど、健康管理関連の取り組みが進んでいます。製造業などの現業系の事業場へ広がりを見せていくかもしれません。このように従来の健康管理施策という枠を超えた取り組みも、産業医として注視しておきたいと思います。

(3) 労働安全衛生法の中での健康管理

労働安全衛生法が求める安全衛生管理体制は、簡単にまとめれば、事業者－総括安全衛生管理者－産業医－安全管理者･衛生管理者（衛生工学衛生管理者）…となっています。事業者と産業医を除けば、多くは技術系の管理者がその職についています。必ずしも「人のマネジメント」に長けている訳ではないでしょう。もちろん、事務系の管理者や、敢えて言えば産業医も「人のマネジメント」に長けているとは限りません。

このような中で、法が制定された当初に比べて、健康面の課題への対応の強化が求められてきています。「心の健康」は、労働安全衛生法制定時にも管理の対象にはなっていましたが限定的でした。一方、安全衛生管理体制はというと、制定当初からほとんど変わりはありません。健康管理面の課題が従来の安全衛生管理から労務管理にシフトしてきている中で、管理体制は的確なのでしょうか。健康管理に関する独自の体制がいるとの考え方もあります。「安全衛生管理」という独立した（孤立したような事業場もあると思いますが）管理ではなく、「人のマネジメント」の一環としての健康管理という原点に立ち戻る過程のようにも感じられます。過渡期にあると考えておくといいのではないかと思います。

(4) 組織と産業医

産業医には独立性があるという面がありますが、それは法令で定められた産業医の職務に関してであって、現実には健康管理部門の一員として事業の一端を担う面もあります。法令で規定された産業医の権限は、法令の範囲のことで限定的です。健康管理部門のことを含めて、事業場の組織のあり方を決めるのは、事業所長であり、組織担当部門（人事部門など）になります。健康管理部門内の体制についても、健康管理部門の長を中心に検討され整備されていくことになりますが、産業医が、健康管理部門の長になるとは限りません。医療における病院長や診療所長とは違います。健康管理部門の長になることもあれば、そうでないこともあるということになります。組織を束ねて、事業場の機能を担うことが組織の長の役割であり、その役割を担うにふさわしい人材を当てはめることになります。

その一方、健康管理については医療関係者に委ねる事業場が多く、一般的に医療体制に倣って医師（産業医）を健康管理部門の長または健康管理業務の責任者にしていることもあります。産業医の職務とはまったく関係のないことです。立場（役職）にこだわる産業医がいますが、組織の長は、組織の長にふさわしい人がなるべきだと考えておいてください。見方を変えれば、組織の長が「産業医が産業医の職務を的確に実施できるようにする」ことに責任を負うということになります。もちろん、産業医が組織の長になり、組織の長として期待に応えて活躍してもらうことができれば望ましいということでもあります。

(5) 専属産業医と嘱託産業医の職務

ア．職務における違い

専属産業医と嘱託産業医の「職務の違い」は何でしょうか。法令上求められている「職務の違い」はまったくありません。正確にいうと、法令には「産業医の職務」についてしか規定がないということです。それにもかかわらず、専属産業医と嘱託産業医で職務や責任が違うと「信じている」関係者がたくさんいます。そして現実には、求められる業務の範囲や任されている業務に関する責任に違いがあるということでしょう。病院勤務で、職員である医師と派遣の医師との違いに似ていると考えるとわかりやすいと思います。

イ．専属が必要な場合

法令では事業場の規模などに応じて「事業場に専属の者を選任」しなければならないことを定めた規定（労働安全衛生規則第13条）に「専属」という言葉が登場します。常時使用する労働者が1,000人以上の事業場または一定の有害業務に500人以上の労働者が従事する事業場では専属産業医の選任が求められています。簡単に言えば、産業医を専任にしないとその職務が全うできない規模や事業だと考えられていることになります。別に労働者数が少なくても必要があれば、産業医を専属でおく事業場があってもおかしくありません。専属産業医は、事業場（会社）と雇用契約が必要ということではなく「専ら」当該の事業場で産業医業務を行う産業医のことです。

嘱託産業医は、専属産業医以外の産業医です。規模が大きい事業場では、専属産業医と共に産業医業務を行う嘱託産業医がいることも少なくありません。

ウ．職務を果たす

実態がどうであるかは別にして、専属産業医は基本的には事業場の従業員と同じ勤務をすることが一般的です。嘱託産業医の勤務は、契約によってさまざまです。週に4日の勤務や月に1時間の勤務ということもあり得るでしょう。ただし、どのような場合でも「産業医としての職務」を行うことが前提であることは忘れないでください。産業医が複数選任されている場合は、他の産業医と分担して職務を果たすということがあっても構いません。

(6) 大規模事業場での業務

専属産業医は規模の大きな事業場で職務を行うことになり、勤務する事業場の多くには、健康管理スタッフもいますし、産業医が複数いることもあります。

ア．役割を分担する

労働安全衛生法では、「産業医」が主体的に行うこととして明確に規定されていることは「産業医巡視」のみです。事業場の健康管理の業務はさまざまで、関係者で分担して行うことが可能です。業務の内容は、事業場のニーズ、スタッフの配置、これまで行ってきた健康管理のレベルなどによって違います。業務の分担は、事業場関係者（健康管理スタッフなどを含めて）と相談しながら決めることになります。前述のとおり、過重労働対策としての面接、ストレスチェックに関わる面接、健康診断などは、法令上は「産業医」でなく「医師」が行えばよいことになります。健康診断の事後措置としての保健指導も、「医師」または「保健師」によって行うことが求められています。ただし、事後措置は、努力義務であって、医師または保健師以外の者（看護師など）が実施しても構いません。効率的で実効の上がる方法で健康管理スタッフ間の役割の分担を考えることになります。健診機関の医師などとの分担も考えることができます。事業場の体制、事業場からの要請や事業場の課題などを踏まえた役割分担をすることになります。

イ. マネジメントをする立場の理解

一般的に、企業では管理職までの昇進過程で各種教育（階層別教育や階層別研修と言われることが多い）を行い、そこでマネジメント力を身に付けるための教育を行っています。医師になる過程や産業医になる過程でそのような教育を受講することはほとんどありません。

産業医も組織の長になるか否かにかかわらず、健康管理部門をマネジメントすることが必要ですので、これらの教育を受講することができればいいと思います。人事部門など教育所管部門に相談して受講する機会を持つと良いと思います。自分の職位や年齢にふさわしい階層の教育を受けることになります。新任者などを対象にした管理職教育、管理補佐職教育、係長教育などのほか、部長教育などを受講するのがよい場合もあるでしょう。職場の健康管理のキーパーソンになる管理職がどのような教育を受けているのか知っておくという意味でも有益です。

管理職としての教育も受けないままに健康管理部門の長としてマネジメントを任されることもありますが、事業場組織の一部門のマネジメントを担うという立場で必要な教育を受けておきたいと思います。

なお、専属産業医は、中途入社扱いでの採用が多くなるはずですので、入社時教育（安全衛生関係教育を含めた新入社員教育）が受講できなかったり、一部しか受講できないことがあります。全部ではなくても、必要だと思われる教育（科目）を受講するようにすれば、会社（事業場）を理解することにつながり、非常に有意義だと思います。どのような教育を受けることが適当なのかは、教育所管部門と相談するといいでしょう。なお、会社の中には、医師に教育を受講させるなどできないと考えている（失礼だと思っている）会社もありますので、積極的に申し出ることが必要なことも少なくありません。新任でない産業医も必要な教育があれば、部分的な受講になるとしても、聴講を申し出てみてはどうでしょうか。

ウ．マネジメントが苦手なときは

産業医が管理的立場でマネジメントしなければならないことも少なくありませんが、マネジメントが苦手で苦労しているという話やそれが原因で会社を変わったという話も耳にします。マネジメントに苦労する場合は、部門の責任者（上司）などとよく相談して、うまく仕事を回していけるようにマネジメントの分担などを考えることになります。完璧にするか、あるいは放棄するかという二者択一でなく、事業場の中の健康管理部門の組織をうまく動かすために事業場として柔軟に対応すると考えればいいでしょう。もし、産業医がこのようなことで悩まなければいけないということになれば、産業医としての力が発揮できなくなりますし、やりがいも失われていきそうです。

エ．機会を活かして

専属産業医として勤務し始めると業務との直接関係がない事務的な対応が必要になることもありますし、社内行事や業務外での誘いもあるでしょう。事業場によってはこのような業務時間外のイベントが盛んなところもあります。参加しなければならないことはありませんが、出てみると普段の産業医と健康管理対象の従業員という関係の中では到底聞けないようなことを聞くことができたり、事業場の幹部ともフランクに話ができたり、事業場に関する情報が得られたりします。それぞれの立場での考え方や仕事を離れたときの意外な面を知ることができたりします。日本的過ぎて嫌いだと思う産業医もいるかもしれませんが、飾らずにこのような場に出てみることを勧めます。どうしても肌に合わないという場合は断ればいいと思いますが、「私はこのような場は嫌いです」と否定するのではなく、「ちょっと苦手で、申し訳ないけど失礼する」としておいてください。従業員が積極的に、あるいは喜んで参加しているイベントなどを否定することは、事業場を否定していると受け取られかねず、産業医としても業務にも支障を来す可能性もあります。

オ．産業医間の連携

複数の事業場のある会社では、それぞれの事業場の産業医との連携も必要です。本社に統括的な産業医がいて社内の連携を進めている会社もあります。

会社として統一的な対応が必要なこともあると思います。例えば、会社独自で付加して行う健康診断項目などです。医師は、個人の責任で判断することが求められることが多いためでしょうか、妥協して協調したり、試行という形を受け入れたりという統一的な対応に結び付けることに抵抗があるように思います。会社として統一するのは、従業員（社員）に対して同じレベルの健康管理を行うという当然の要請があってのことです。意見交換し、対応の方向が決まったら、それに従うことも必要です。必要な場合は、一定の試行期間を決めて実施した後に検証することを提案してはどうでしょうか。事業場の都合とか、個人的な都合で判断するようなことは適当ではないと考えます。同じ社内で、ギクシャクした関係にならないように日ごろから他事業場の産業医や健康管理関係者との情報共有を図り、意見交換するといったことも大切です。なお、情報共有の進め方の基本は、自分から情報を発信することにあります。産業医間の連携の問題に限りません。

⑺ 限られた時間での嘱託産業医業務

嘱託産業医は、時間的な制約のために業務の範囲を限定せざるを得ないことがあります。最低限のことは、前述のとおり、産業医巡視、安全衛生委員会への出席、健康診断結果報告書などの確認になると思います。その合間で、産業医として期待される業務を行うことになります。

嘱託産業医の場合は、受け身で業務をこなすというイメージが強いですが、折角引き受けた産業医業務ですので、事業場と従業員のために役に立つ存在感のある産業医になりたいと思います。しっかりした看護職や健康管理の担当（衛生管理者など）がいる事業場では、短い時間の勤務でも密度の高い業務を行うことができる場合もあります。小さな規模の事業場でも、必ず担当者がいますので、うまく連携して産業医の業務を進めたいものです。

産業医になって、事業場にいろいろと提案したいことがあっても、タイミングがつかめずに時間が過ぎていって、結果として嫌気がさすといった話もあるようです。できれば、最初の契約時に、選任後も産業医に任せきりにせずに事業場として支えてもらう必要があり、事業場関係者と確実に意見交換できる時間を設けることが不可欠なことを説明しておきましょう。

V

事業場として
産業医に期待する

この本は、産業医の仕事を始める医師のためのものですが、読者の中に、産業医に活躍してもらいたいと思っている事業場の関係者がいると思います。この章は、このような読者の参考になればと思い執筆しています。産業医にいい仕事をしてもらうためには、産業医に求めてばかりいてもうまくいきません。事業場関係者が産業医の考えや立場を理解して、共に取り組むことが欠かせません。

(1) 産業医と医師という専門家

ア．法令上の位置付け

本文中でもふれましたが、「産業医」と「医師」の役割は違います。例えば、労働安全衛生法では、「医師による健康診断」「医師…による保健指導」「医師による面接指導」などの規定があり、「医師」は個別の実務を担う位置付けです。大ざっぱに言えば、従業員の健康管理について総括的な立場でマネジメントすることが、法令が求める「産業医」の役割で、健康診断等の実務を担うのが「医師」ということになります。専属産業医を選任している事業場などでは、産業医が法令上の「医師」として職務を担っている場合もあります。混乱しがちですので、しっかりと理解して、産業医としての役割を発揮できるようにすることが必要です。

イ．専門性の高さ

法令で定められた研修を修了するなどの要件を満たした医師を産業医として選任することになります。産業医は、産業医である前に医師です。一般的に言えば、専門分野について深い知識を持ち、勉強に熱心で高い専門性を持ち続けています。産業医（医師）としてのネットワークもあり、関係する情報を幅広く業務に役立てています。

産業医の専門性を高めるために、学会に参加したり、医師会などの開催する研修会を受講したりしたいという希望があると思いますが、そのようなときには積極的に後押しして、業務上の配慮をしてもらいたいと思います。

ウ．産業医を育てる

産業医になるための研修を受ければ、すぐに産業医の職務が的確にできるということにはなりません。学位を持って入社した新入社員が、その専門性をすぐに業務の中で発揮できないのと同じです。ましてや、多様性に富んだ「人」に関わる仕事ですから容易ではありません。それぞれの会社（事業場）のことを知り、さまざまな経験を積んで産業医として実力を高めていくと考えておいてください。他の従業員と同じように「育てていく」ことが必要です。特に、初めて産業医になった場合や経験が浅い場合は、しっかりとしたサポートが必要です。

専門に関することは別にして、仕事の仕方や組織のあり方などについて日常的に理解を深められるように接することも大切です。祭り上げてしまうような対応は好ましくありません。専属産業医の場合は、会社（事業場）で行っている教育（特に階層別の教育）などが受講できるようにすることも必要です。特に、産業医以外の健康管理スタッフがいる事業場では、産業医は管理的立場で仕事をすることになりますので、職場マネジメントが的確にできるようにするための教育は欠かせません。

エ．頼りにしながらも

産業医に意見を聞いたり、専門的なことを教えてもらうことがあると思います。この場合、その場で判断や即答できないことがあったり、あいまいな答えしか出せないことという可能性もありますが、万能ではないのですから当然です。ただし、このような場合でも、調査したり、議論する中で、的確な対応をする（答えを出す）ために努力してくれます。頼っていくことが産業医を育てる（より良い仕事ができるようになる）ことになります。

一方、産業医の判断や情報が常に正しいとは限りません。納得がいかない場合などには、遠慮なく質問したり、事業場としての考えも伝えるようにしましょう。伝えるべきことはキチンと伝えることは、産業医にとっても有益なことですし、必要なことです。

⑵　事業場として期待する

ア．幅広い業務に取り組むために

産業医が関わることとして、健康診断、長時間労働従事者の面接指導、ストレスチェック（心理的な負担の程度を把握するための検査）などのいわゆる健康管理だけでなく、健康保持増進、さらには作業管理や作業環境管理などの労働衛生管理もあります。すべての従業員に関わるとても幅の広い業務です。

これらの業務を的確に進めてもらうためには、会社や職場の状況や制度運営などの情報が大切です。１回説明して終わりということでなく、日頃から情報を提供するようにしましょう。特に、産業医は個々の従業員と直接接する機会も多い立場ですので、従業員の置かれた状況について理解しておくことが欠かせません。産業医巡視に限らず従業員が業務を行っている職場に直接出向いて、現場の様子を知ってもらうことも大切です。

なお、嘱託産業医と契約を結ぶ場合、事業場として何を産業医に求めているのかを最初に明確に提示することが必要です。こうすることによって産業医としての職務を円滑にスタートすることができます。その後、産業医が、事業場や業務に慣れてくれば、さらに事業場の実態に合った健康管理を目指して、共に検討してください。

イ．コミュニケーション

事業場関係者と産業医の間のコミュニケーションが不足していることはないでしょうか。前述のことと重なりますが、事業場の健康管理に関して同じ方向を向いて考えていくために、しっかりと意思疎通を図るようにすることが必要です。産業医として尊重することは大切ですが、祭り上げて蚊帳の外におくような対応は好ましくありません。総括安全衛生管理者（事業所長など）、衛生管理者をはじめとした安全衛生関係者が、産業医と定期的に話（懇談）をする場を設けることを勧めます。このような場だけでなく、事業場行事への参加を促すなど、直接産業医業務に関係のないところで事業場や従業員のことを知ってもらう機会も大切にしたいと思います。身近で頼りになる存在としておきたいものです。

ウ．思い込みを排して

ほとんどの人は、子どものころから医師に接してきました。このため「医師とはこんな人だ」という、ある意味の思い込みを持っていると思います。「思い込み」が必ずしも間違ってはいないのですが、安全衛生管理における産業医と事業場の関係にまで、「思い込み」を持ち込まないようにしてください。

また、法律上選任義務があるために、会社の方が弱い立場などと考えて過度に遠慮してしまうことも避ける必要があります。産業医も健康管理という業務を通して事業場を支える人材ですから、積極的に意見交換をすることが必要です。医師という資格だけに注目することなく、しっかり協力できる関係を築くことが欠かせません。

エ．支える

過重労働やメンタルヘルスの問題、ダイバーシティへの対応、ハラスメント問題、治療と仕事の両立など、産業医の出番が増え、負荷が増してきています。業務分担の見直しなどを含めて、産業医が的確にその職務を遂行できるように事業場としてのサポートが欠かせません。事業場の他の職場や従業員への対応と同じ発想になります。このためにも、前述したとおり、日ごろからのコミュニケーションが必要です。一次窓口になる担当を決めておく方法もあります。

なお、産業医に限りませんが、人が持っている能力を存分に発揮するためには、「期待されている」「頼りにされている」と感じられることが大切です。そして、成果に対して、感謝されたり、「さすがだ」と褒められたりすることも大切です。気持ちよく前向きに仕事ができるように、そして産業医としてやりがいが感じられるようにするというちょっとした工夫をしたいものです。

⑶　産業医の権限の認識と情報提供

逐一記載はしませんが、産業医には法令で、従業員の健康管理を行う権限を付与するとともに、事業者などへの勧告の権限が付与され、その勧告を尊重することなどが規定されています。また、産業医がその職務を確実に遂行できるようにするための情報の提供についても規定されています。法令の規定もありますが、産業医にいい仕事をしてもらうために必要な情報を提供することは当然ですし、前述のとおり日ごろから産業医とのコミュニケーションを密にしておくことが事業場として大切です。従業員が健康に、いい仕事をするために欠かせないことです。

⑷　事業場での外来診療

一定規模以上の事業場では（操業開始時に）企業内診療所が開設され、診療機能を維持しているケースがあります。一昔前は産業医が企業内診療所で一般診療を行い、企業ではそれが福利厚生の一環と位置付けることが多かったと思います。その後産業医の業務の幅が広がり、診療業務を行うには時間的に無理があると考えられます。それでも診療業務を産業医に求めるのであれば、それにふさわしい体制にしたり、診療業務を優先するという明確な事業場の方針が要るのだと思います。だからといって法令で規定された産業医の職務が実施できないようなことにならないことは前提です。診療業務を継続する目的としては、

- ・従業員の居住地域や事業場周辺で、医療事情が悪い場合
- ・健康診断の事後措置などの関係で明らかに有益である場合
- ・予防接種などの実施に関して有益である場合

などが挙げられると思います。一方、診療に当たる医師が産業医でなくてはならないということではありません。地域の医療機関（医師）と連携しての診療という対応も考えられます。一般診療を継続する場合には、臨床医としての医療レベルの維持の努力だけでなく、一定のスタッフや検査機能の維持などの多くの負担があり検討が必要です。事業場内で発生したケガや病気への一次的な救急対応は、産業医にとっても医師として当然の業務であり、一般診療と混同しないようにしなければなりません。

(5) 健康管理を支える組織

ア．事業場規模と課題に応じた組織

産業医一人で、従業員の健康管理を担うことは困難です。事業場規模に応じて、必要な体制を取っておいてください。嘱託産業医（非常勤）の場合は、産業医の職務をサポートする担当を決め、産業医を支えることが大切です。大きな規模の事業場では、保健師などを配置できれば、充実した健康管理を効率的にできるようになるでしょう。事業場規模や課題に応じて、産業医と相談して考えてください。

イ．ツールも整える

産業医の仕事は膨大なデータ、それも個人情報として管理が必要なデータと向き合う仕事でもあります。この仕事を支えるためのツールとして（データ管理）システムが欠かせなくなっています。未整備の場合は、産業医と相談して検討してください。すでに整備済みの場合であっても、効率的に運用できるとは限りませんので、この面でもよく意見を聞いて対応してください。

ウ．統括産業医

事業場が複数あって事業場毎に産業医が選任されている場合、本社などに統括産業医を置いている会社があります。法令で求められているのではなく、会社の事業運営上必要であれば配置すればいいということになります。呼称も統括産業医である必要はありません。

会社として一貫した健康管理を行うためには、事業場間の調整であったり事業場の産業医間の調整が必要になります。それぞれの事業場の産業医の判断も大切にし、自主性を重んじながら、会社（事

業場）のよりよい健康管理につなげるということになり、統括産業医には、この調整機能を期待することになります。あわせて、会社として健康管理に関わる方向付けをし、方針を出し、実行に移していく中心的役割も期待することになります。その権限をどのようにするかは、会社の判断です。医学的専門的事項に限った役割とすることもできますし、他の職制と同じように部門の長として会社の制度や組織運営などを含めた役割を担わせるという考え方もあります。

⑹　参考に…独立系産業医

嘱託産業医を受託することを専門に独立開業した産業医という意味です。基本的には嘱託産業医と一緒ですが、違う点は、医療機関勤務の医師が兼務で嘱託産業医になるというのではなく、産業医を業とする専門医師です。契約に至るまでの経緯はさまざまで、口コミやホームページを見ての直接連絡などによると思います。資格（労働衛生コンサルタント、日本産業衛生学会専門医など）、過去の産業医歴などを見て契約の判断をすることが多いようです。最終的な判断は、事業場との相性になると思いますので、契約時によく見極めたいと思います。フットワークのよさ（課題があるときに速やかに対応してもらえる）も大切でしょう。最初は仮契約するなどという方法もあります。今後、独立系産業医は増えてくると思われます。

参考
安全衛生関係用語
あれこれ

産業医になると労働安全衛生管理についてさまざまな関わりを持つことになります。産業医巡視や安全衛生委員会の場だけでなく、健康診断などの関係での従業員との面接のときにも話題になることがあります。現業系の事業を行う事業場を想定して、産業医が耳にすることがよくあると思われる安全衛生関係用語を簡潔に解説するとともに、その用語に関連して注意したい点について概説します。正確な意味や解釈を知りたい場合は、関係法令や他の成書などで確認してください。もちろん事業場の安全衛生部門（安全管理者、衛生管理者など）に確認することもできます。安全衛生管理に関わる用語は、厚生労働省ホームページ「職場のあんぜんサイト・安全衛生キーワード」などで確認することもできます。

(1)　法令用語

ア．組織

用語	概　説	注意したい点など
事業者	事業を行う者で労働者を雇用するものをいい、「人」や法人を指します。労働安全衛生法の規定の多くは、「事業者は○○しなければならない」とされ、基本的に事業者の責任の下に安全衛生管理を進めることを求めています。実際の業務は、職場の管理者や監督者が事業者の役割を分担して権限を委譲されて実施することになります。労働基準法などでは「使用者」という言葉が使われ、「事業主又は事業の経営担当者その他…事業主のために行為をするすべての者をいう」とされています。	事業場内では、「事業者」＝「会社」という捉え方をしていることが多いと思われます。

労働者	使用され賃金を支払われる者で、社員のような正規雇用かパート勤務かは問いません。また、派遣労働者については、派遣元に雇用されますので、派遣元と派遣先でそれぞれ事業者としての責任を果たすことになります。人材派遣法（労働者派遣事業の適正な運営の確保及び派遣労働者の保護等に関する法律）で細部が決められています。取締役は一般的には労働者ではありませんが、労働者性が認められることもあります。	通常事業場内では、従業員のことを「労働者」と呼ぶことはありませんので、注意が必要です。
総括安全衛生管理者	事業場の事業の実施を統括管理する者から選任され、安全管理者、衛生管理者などを指揮し、安全衛生管理業務を統括することになります。業種によって選任義務のある規模（労働者数）が違いますが、製造業、建設業や商品小売業などでは300人以上、その他の業種（事務的業種など）では1,000人以上の事業場が対象になります。	事業所長が選任されることが一般的です。産業医が事業場の衛生管理に関して勧告できる対象者になります。
安全管理者	厚生労働大臣が定める研修を修了した者等が選任され、事業場の安全管理を担当します。50人以上の労働者を使用する事業場で選任され、業種とその規模に応じて専任が必要になります。	
衛生管理者	「Ⅳ－４．衛生管理者と連携する」で確認してください。業種とその規模に応じて規定人数の選任が必要になります。1,000人（一定規模以上の有害業務があると500人）以上の場合は専任が必要になり	衛生工学衛生管理者は、安全衛生管理部門以外の技術系社員が選任されていることが少なくありません。

	ます。衛生工学に関することを管理するために衛生工学衛生管理者（登録講習機関の行う衛生工学衛生管理者講習修了者）の選任が必要なこともあります。複数の衛生管理者が選任される場合の職務の分担の考え方は事業場によってさまざまです。	
安全衛生推進者	10人以上50人未満の労働者を使用する事業場では、業種によって安全衛生推進者（業種によっては衛生推進者）の選任が必要です。登録教習機関による安全衛生推進者養成講習を修了した者の中から選任されます。	
作業主任者	労働災害を防止するための管理を必要とするとされた作業で、労働者の指揮等をさせるために選任されます。作業主任者の資格は、作業の種類によって免許試験合格または技能講習修了によって付与されます。選任が必要な作業は安全関係、衛生関係あわせて20以上あります。衛生関係では、放射線、特化物（特定化学物質）、鉛、酸欠（酸素欠乏）、有機溶剤、石綿などに関わる業務が対象になります。選任されると氏名と職務が作業場等に掲示されます。	選任されていることと、選任された作業主任者がその職務（作業方法の決定、指揮、保護具着用の監視、作業環境対策設備の点検など）を実際に行っていることは別です。
元方事業者	法令上は請負契約における（もっとも先次の）注文者のことです。関係請負人（協力会社）及び関係請負人の労働者に対して安全衛生面での指導が求められています。	親企業が、同じ構内で仕事をする協力会社を指導することになります。

元方安全衛生管理者など	建設業・造船業では、元方事業者から請負事業者まで多層構造で事業者が混在して「一の場所」（法令の用語）で作業が行われることによる労働災害の発生を防止するためにさまざまな安全衛生管理の責任者を選任して管理を行うことが必要です。統括安全衛生責任者、元方安全衛生管理者、店社安全衛生管理者、安全衛生責任者などになります。	

イ．教育など

用語	概　説	注意したい点など
雇入れ時教育、作業内容変更時教育	教育を実施すべき事項も含めて規定されています。	
職長教育	従業員を直接指導したり監督したりする監督者に対する教育で、教育内容や時間が決められています。	事業場外の教育機関に依頼している事業場もあります。事業場では階層別教育の一環として行われることも多いと思います。
特別の教育（特別教育）	危険または有害な業務に従事する者に対する教育で、教育内容や教育時間も決められています。対象の業務は50を超えます。高圧下作業、透過写真撮影業務、粉じん作業、酸欠危険作業、有機溶剤業務、ダイオキシン関連作業、石綿取扱作業、除染作業なども対象になります。	産業医が健康管理関係などの科目の講師を依頼されることもあると思います。事業場外の教育機関に依頼している事業場もあります。

就業制限	この表の下2段の免許取得または技能講習修了が就業の条件とされていることを指し、20弱の業務が対象になります。	
免許試験	いくつかの就業制限業務のほか、衛生管理者、X線作業主任者などは免許試験の対象で、国家試験合格者に免許が付与されます。	
技能講習	就業制限業務のほか、作業主任者の資格を得るための講習もあり、登録教習機関が講習を行います。	2〜3日で講習が行われることが多いようです。技能講習の健康障害に関する科目の講師は医師が担当することが多くなっています。

ウ．管理

用語	概　説	注意したい点など
事業場	労働安全衛生法は基本的に一定の場所を意味する「事業場」を単位に適用されます。	
性能検査	クレーンやボイラーなど（特定機械等）の「検査証」の更新のために登録性能検査機関によって行う検査のことです。落成検査、変更検査などについても規定されています。	車の車検のような制度ですが、衛生関係には対象がありません。

定期自主検査	労働災害を防止するために事業者が定期に実施することが決められている検査のことで、検査頻度や検査事項などが決められています。一定期間使用しなかった場合は、使用再開時に検査を行うことになります。	局所排気装置、プッシュプル型換気装置、特定化学設備なども対象になります。
特定自主検査	定期自主検査を行わなければならない機械のうち、建設機械（油圧ショベルなど）や荷役運搬機械（フォークリフトなど）等の特定の機械は、有資格者か特定自主検査機関が検査を実施しなければなりません。	衛生関係には対象がありません。
使用開始時点検	定期自主検査の対象機械などを初めて使うとき、分解、改造、修理をしたときの点検が規定されています。	
作業開始前点検	作業を開始する前の点検が規定されている場合があります。	日常点検などともいわれ、職場で実施することになります。酸欠危険作業では作業主任者が測定器具や保護具などの点検をすることも決められています。
月例点検（月次点検）	1月に1回以上の点検が規定されている機械などがあります。作業主任者の職務として規定されていることもあります。（法定の用語ではありません）	局所排気装置、プッシュプル型換気装置なども対象になります。

定期作業環境測定	作業環境測定士が実施しなければいけない指定作業場の測定と、騒音、温度･湿度、照度のように特に測定者の資格が規定されていない測定があります。	法令で測定が義務づけられていなくても、作業環境の状態を確認しておいた方がよい場合もあります。

エ．その他

用語	概　説	注意したい点など
快適	労働安全衛生法の目的に一つに「快適な職場環境の形成を促進する」ことが挙げられ（第1条）、事業者に「快適な職場環境の実現…を通じて…安全と健康を確保する」ことを求めています（第3条）。	「快適」という言葉の持つイメージと現実と遊離していると形骸化した取り組みを求める印象になってしまいます。使い方は慎重にした方がいいでしょう。
安全配慮義務	労働災害に関する補償請求の裁判の上告審で使われたのが最初ですが、その後健康配慮義務という言葉も生まれました。法令では、労働契約法に「使用者は、…労働者がその生命、身体等の安全を確保…できるよう、必要な配慮をするものとする」と安全配慮義務が条文に織り込まれています。	安全配慮義務が安全衛生管理の目的のように安全衛生教育で使われることがあります。労働安全衛生法も同じで、事業者に責任があることを従業員に対して「法があるから」とか「安全配慮義務／健康配慮義務があるから」安全衛生管理に取り組むという言い方は、まるで事業者のための安全衛生管理という受け止め方をされかねませんので注意が必要です。

⑵ 安全衛生管理と用語

安全衛生管理でよく使われる言葉を取り上げて、その意味や注意点などをまとめます。ただし、安全衛生管理で使われる言葉、特に事業場の活動に関する言葉は、事業場固有で、内容も事業場毎に異なることがあります。

ア．災害

用語	概　説	注意したい点など
災害	労働災害を略して、災害とか労災と呼んでいることがあります。労働災害の治療費などは事業者が負担します。実際には、いわゆる労災保険（国が管掌し、事業者が保険料を納付）から支出することになります。	健康保険を使っての治療は違法です。事業場内診療所での治療でも同じです。
重大災害	厚生労働省の整理では3人以上が同時被災した労働災害をいいます。	事業場によっては死亡災害を指して使っていることもあります。
休業災害／不休災害	会社を休んで治療（療養）することが必要な労働災害を休業災害といいます。障害が残る場合も、災害統計上は休業災害となります。 休業を必要としない労働災害を不休災害といいます	不休災害のうち、軽微な労働災害を極微災害／微小災害／赤チン災害などと整理している事業場もあります。

災害統計	労働災害の発生率を、一定期間の発生頻度で表すのが災害度数率、重篤度を勘案した指標が強度率になります。強度率は休業日数や残存障害の程度（障害等級）の当てはめ日数が分子になります。	休業災害度数率は、日本では100万延べ労働時間当たりの休業災害発生件数を意味します。度数率1.0は、一人の労働者に当てはめると50年に1回程度被災するということになります。
災害報告書	労働災害の原因をまとめた報告書で、類似災害の防止のためなどに使われます。	労働災害の原因究明などを行う場（会議）を、災害検討会などといいます。産業医もメンバーになることがあります。

イ．リスクアセスメント

リスクアセスメントは、安全衛生管理の中で重要な取り組みです。事業者に法令で義務付けられており、実施の方法は、厚生労働省から指針として公示されています。リスクは、「危害の発生確率」と「危害の重大さ」の組み合わせで評価して（見積りが行われ）、評価の結果は数段階のリスクレベルに当てはめられることが一般的で、化学物質の場合は、「ばく露の量」と「有害性」で評価する方法が一般的です。

この結果を受けて、できるだけリスクレベルを下げる（安全に作業ができるようにする）措置（リスク低減措置）に結び付けることになります。特に「重大な問題（許容されないリスクなど）がある」場合は、リスクレベルを下げる措置を確実に実施することが必要です。リスクレベルが高い場合などは、「作業する人自身が気を付ける」という対応だけでは不十分ということになります。

事業場によってリスクアセスメントの方法が違います。リスクアセスメントを実施するときに前提になっている作業方法や措置が実態に合っていて、リスク低減措置が確実に実施されることが大切です。リスク低減措置（対策）を実施したとしても、なお残るリスク（残留リスク）に対しては、作業の中で（作業する人が）必要な対策を確認して実施することになります。

なお、リスクアセスメントは現場第一線の職場だけで実施するものではなく、事業者の責任で実施すべきものです。

ウ．労働安全衛生マネジメントシステム（OSHMS）

事業場の安全衛生水準をPDCAサイクルを回してシステマチックに向上させようという取り組み方です。事業者による安全衛生方針の提示、安全衛生計画に基づく管理、リスクアセスメントなどもOSHMSの取り組み項目です。当然ですが、このシステムの対象には、衛生管理（健康管理）も含まれており、産業医としても関わりを持つことになります。日本では厚生労働省が指針を作っています。2018年に、JIS規格（JIS Q 45001、JIS Q 45100）がISO規格（ISO45001）を受けて制定され、品質管理や環境管理に関するISO／JIS規格と同様に認証にも用いられ、中災防などがこの認証機関になっています。社会的評価やユーザーの評価を得るために認証を取得するということも大切ですが、この取り組みを安全衛生水準の向上に活かしていこうという事業場の方針がなければ、形骸化した取り組みに終わるおそれがあります。

エ．化学物質管理（SDS（安全データシート）の活用）

労働安全衛生関係法令で化学物質の管理について規定されていますが、具体的に名称（物質）を挙げて管理方法が示されている物の数は限られています。法令に規定のない化学物質でも有害なこともあります。産業医として化学物質を取り扱う作業に課題がないか確認しておいてください。

なお、毒物または劇物に該当する物質（経口毒性などがある）については、毒物及び劇物取締法に規定された保管管理などが求められています。医療機関では、医薬品または医薬部外品以外として薬事法（医薬品、医療機器等の品質、有効性及び安全性の確保等に関する法律）の下に管理されている物もあります。

化学物質の有害性については、SDS（安全データシート）を入手して確認することができますが、危険有害性のある化学物質について入手できているか、SDSに記載された内容（専門家でなければ難しい内容の記載が多いと思います）が実際の作業で活かされているかという課題があります。また、容器などに取扱上の注意事項などの表示が義務付けられている物質もあります。

オ．安全衛生対策

用語	概　説	注意したい点など
湿潤化	粉状の有害物質の飛散を抑えるために行われることがあります。	湿潤化した物が、乾燥して再び飛散することもあります。
密閉する設備	有害物の作業場への漏出を防ぐための措置の一つです。	内部が負圧になっていないと、漏れ出すことがあります。密着面が歪んだりしていないかも管理のポイントです。

局所排気装置	有害物を排出するために用いられます。多くは、法令で能力が決められています。	微弱な気流を使いますから、キチンとした管理と適切な使い方が欠かせません。
全体換気装置	希釈換気に当たります。部屋の換気扇も全体換気装置の一種です。必要な換気量が法令で決められている場合もあります。	全体換気装置で有害な空気を排気（希釈）することは結構難しいことです。有害な物の比重や、気流の出入（どこから入って出ていくか）も効果を左右します。
洗身設備など	洗眼器もあります。化学物質が皮膚や粘膜に付いたときの洗浄のために設置します。やけどのときに流水で冷やすためにも役に立ちます。	水道水（蛇口）があればいいのですが、緊急時にすぐに使えることがポイントになります。
機械安全対策	ISO12100/JIS B 9700や厚生労働省「機械の包括的な安全基準に関する指針」に基づいて実施する安全対策を指します。リスクアセスメントを実施して、3ステップメソッド(①「本質的安全設計方策」⇒②「安全防護」「付加保護方策」⇒③「使用上の情報」）でリスクを低減することになります。	「人はミスをする」「機械は故障する」「絶対安全は存在しない」という考え方の下で、「人の特性」と「信頼の限界」を直視した合理的な考え方が前提です。「安全距離」「予見可能な誤使用」「残留リスク」などという考え方も示されています。

カ．安全衛生保護具

保護具は、保護具として期待する効果が発揮されなければ意味がありません。効果のある保護具を選定し、効果のある状態で使うことが必要で、使いやすいことが使用を徹底する前提です。安全衛生管理の「最後の砦」などと言われますが、実際には保護具が不可欠な作業もたくさんあります。

種類	概　説	注意したい点など
保護めがね	二眼タイプとゴーグルタイプが一般的で、保護面もあります。有害光線（赤外線、紫外線、レーザー）用、飛来物対策用などがあります。	化学物質の取扱いのときに飛沫などが眼に入ることもあり、着用の指導が必要です。二眼タイプのめがねの隙間や周辺作業者の保護についても注意が必要です。
耳栓	騒音の設備対策は難しいことが多く、保護具に頼った対策になりがちです。耳栓は耳孔との間に隙間があっては効果が少なくなりますので、スポンジタイプの物が普及しています。ただし、いくら密着性がよくても効果は限定的で、万能ではありません。遮音効果は、一般的にイアマフの方が大きいのですが暑熱の職場では着用者の負荷が大きくなります。遮音効果だけで言えば、耳栓をしてイアマフを重ねて着ければ効果は大きくなります。	耳栓を耳に乗せているだけの人もいるかもしれません。ここまで極端でなくても着用方法が適切でなければ効果は期待できません。また耳栓は劣化して遮音効果が少なくなることがあります。

防じんマスク／防毒マスク	労働安全衛生法で着用が義務付けられている作業もありますが、実際にはもっと幅広く使われています。電動ファン付呼吸用保護具（面体の中を常に陽圧に保つ）も開発されています。	適切なフィルター／吸収缶の選定、面体と顔のすき間（漏れ）の管理などが欠かせません。着用時のフィッティングテスト（漏れチェック）が重要です。管理の状態は手に取ってみないとよくわかりません。
空気呼吸器／空気マスク	酸欠の場所や有害ガスが存在する場所で使われます。緊急用（救出用）に置かれていることもあります。	緊急用は日常的に使用しないため、管理が不十分だったり、うまく着用・使用ができないこともあり注意が必要です。
保護手袋	切創防止用、化学物質防護用などがあります。	化学物質防護用は、化学物質の性状に適したものを選択することが不可欠です。使いやすさや劣化の状態も確認しておきたいと思います。
保護衣	化学防護服、耐熱服、煙管服、前掛けなどがあります。防寒着も必要なことがあります。	
墜落制止用器具	大雑把に言えば、安全帯のことです。法令で求める性能を持つ安全帯などという意味で、法条文では要求性能墜落制止用器具と表現されています。原則としてフルハーネス型の物を使うことになっています。	従来からよく使われていた腰ベルト型のものは、転落時に腰回りに大きな衝撃が加わり危険なために、一定の条件の場合のみ使用できることになっています。フルハーネス型もキチンと装着しないと特定の部位に負荷が集中してしまいます。

キ．安全衛生用具

いろいろな物がありますが、代表的なものでわかりやすい例を挙げます。

種類	概　説	注意したい点など
検知・警報器	現場で使用する検知・警報器として可燃性ガス測定器、酸素濃度計、有害ガス検知・警報器などがあります。それぞれ定置形、携帯形、個人装着形があり、目的によって使い分けされています。硫化水素濃度の測定などで検知管（ガス採取器（ポンプ）にガスに反応して変色する薬剤が入ったガラス検知管を付けて環境中の空気を吸引して測定する方法）を利用している事業場も少なくないと思います。	正確に測定（検知）できることが前提です。センサーや検知管には寿命があります。使用開始前や定期の点検、整備が欠かせません。濃度の変動がある環境では、どのタイミングでどこの測定を行うかによって測定値が大きく変わります。このような視点で確認するといいでしょう。個人装着形の場合は、どこに装着するのかによって測定値が変わります。
はしご・脚立	転落の災害がとても多くなっています。使用を禁止して（移動）足場の使用を義務づけている建設会社などもあります。	不安定ですし、はしごや脚立に乗っての作業は転落の危険が高くなります。

ク．安全衛生活動

現業系の職場で取り組まれていることが多い活動を取り上げます。医療機関でも取り入れられている活動も少なくありません。実効の上がる活動になっているかという目で見てみてください。

種類	概　説	注意したい点など
WBGT（暑さ指数）管理	熱中症予防のための温熱環境評価に基づく管理です。携帯式のWBGT計が普及し、取り入れている事業場も多くあります。輻射熱があったり、高湿度の作業環境ではWBGT値が高くなります。	数値だけで管理することは、現実には難しい面があります。作業前、作業中の体調管理や水分・電解質の補給も重要です。現業系の仕事を行う事業場の安全衛生管理では熱中症は重点管理対象です。 産業医が関わることも多いと思います。
整理整頓	安全の基本と言われています。仕事をしやすい環境を整備したり、必要な情報を必要な時に引き出せるようにする、品質や生産性の向上を図ることにもつながります。3S、4S、5S･･･と整理整頓（Seiri、Seiton）から、清掃（Seisou）、清潔（Seiketsu）と頭文字Sの言葉を並べて取り組んでいる事業場もあります。	「きれい」かどうかという判断ではなく、機能的であるかという点が重要です。また、どこまでSを並べるかは、本来の目的から逸れないようにして、職場の従業員がどのように受け止めるかを考えておくことが必要です。
職場ミーティング	始業時や終業時の打合せのことです。当日の作業の安全確認や作業の反省を含めて行います。	職場全員が関心を持ってミーティングに参加しているかは気になります。

危険予知	Kiken-Yochiの頭文字を取ってKYと呼ばれています。作業の前に作業手順を確かめて安全な作業を徹底しようとする手法です。事業場で工夫した取り組みが行われています。衛生管理関係のことも当然対象になります。	形式的な手続きになってしまっている職場もあるようです。型通りに「保護具を着用する」などという対策を挙げて終わっていることもあります。「危険」を「予知」するという意図が薄れてしまっていることもあります。
危険予知訓練	危険予知の感度を上げるための教育で、KYシートを使って危険を洗い出すといったやり方が基本です。KYT（KY-Training）とも呼ばれています。	
タッチアンドコール、唱和	作業の前に職場の同僚が手を重ね合わせるなどして「今日も一日安全作業に徹しよう！」などと唱和する取り組みです。	
指差呼称	指差喚呼、指差確認喚呼などとも言われています。鉄道の信号確認の手法として始まり、作業の要所で対象物（状態）を指差して安全を確認し「○○ヨシ！」と言って声を出して確認することになります。	指で指すことによって注意を集中させることができる利点はありますが、すべての作業で指差呼称ができるということはありませんので、適用の範囲を考えることも必要でしょう。
ヒヤリハット報告	ニアミス報告、無災害事故報告、医療機関ではインシデント報告などとも言われています。事故の未然防止に有効だとされています。	ヒヤリハット報告が必要な理由としてハインリッヒの法則（「1:29:300の法則」）が持ち出されることがありますが、あまり意味はあり

		ません。報告をされたことを、報告した人の立場に立って活かしていくという工夫が必要でしょう。
挨拶（運動）	挨拶はコミュニケーションの入口です。現業系の事業場では「ご安全に！」という挨拶を使っているところもたくさんあります。挨拶に合わせて、挙手の敬礼をする事業場もあります。	熱心に「大きな声で元気よく」などというスローガンの下に取り組んでいる事業場もあります。筆者は、相手に聞こえて伝われば十分と思っています。産業医も事業場の挨拶の仕方を知って率先垂範してみてはどうでしょう。
安全衛生改善活動	安全改善提案と呼ばれていることもあります。職場の自主改善活動です。優れた改善を表彰する事業場もあります。	
変更管理	事故や災害は、トラブルがあったとき、設備を改造したとき、仕事のメンバーが変わったときなどに起きやすいと言われています。このようなときの対応の仕方についてルールを決めて、事故や災害を防止する取り組みを変更管理（Management of Change、MOC）と言います。変化点管理と言っている事業場もあります。	どのようなことを「変更」とするのか、変更があったときにどのようなアクションを取るのかを決めておく必要があります。化学プラントなどでは、計測器の変更・更新や老朽化などで大事故につながっている事例がありますが、現場の問題だというよりも技術的な検討不足と言った面もあるのだろうと思います。

安全施工サイクル	建設業を中心に、作業と安全を一体化して安全施工サイクル（運動）として取り組んでいる場合があります。1日のサイクルの場合は、安全朝礼に始まって、作業開始前点検、作業所長巡視など作業中の実施事項があり、最後に後片付けと終業時の確認・報告を行います。この一連の流れを共通認識として安全管理を行うことになります。週単位、月単位とサイクルの期間によって取り組みは変わります。	建設業以外の業種でも、作業の流れを安全の視点で標準化して示しておくと、職場活動を確実に実施することにつながるでしょう。

あとがき

「なかなか産業医としての一歩を踏み出せない」医師を対象として書き出したはずなのですが、全体を読み返してみると、あらゆる場面で「産業医として関わるべし」という内容になってしまい、筆者らの「産業医への期待」を列挙したことになりました。「産業医になるのは荷が重い」と感じたかもしれません。現実には、この本で取り上げたすべてのことに最初から関わることは無理ですし、その必要もないだろうと思います。事業場の業種や規模、健康管理のレベルによっても異なります。また、産業医自身にも得意不得意があることは間違いありませんし、産業医の業務は、「こうあるべき」と断定できない面もあります。産業医として事業場の健康管理に関わり、試行錯誤を重ねることなどを通して展望が開け、より産業医らしく業務ができるようになっていくことも多いと思います。まずは、第一歩を踏み出してください。そして、粘り強く根気をもって取り組んでもらいたいと思います。ご自身であるべき姿を見出してもらいたいと思います。

また、実際には大規模な事業場と小規模な事業場では、産業医の役割も違います。大規模な事業場の方が体制も充実していてできることも多いと思いがちですが、必ずしもそうではありません。事業場規模が小さければ、事業場トップや幹部、そして一人ひとりの従業員にとって産業医は身近な存在となり、充実した産業医業務ができやすい面もあります。本書は、筆者らの勤務経験から大規模な事業場を想定しての偏った内容になっているところがあることを前提に、産業医業務を担うときの参考にしてもらいたいと思います。

まだまだ産業医と事業場（関係者）の間に壁があることが多いと思いますが、その壁は時代とともに低くなってきていると思います。本文中で何回もふれましたが、従業員の健康が従業員自身にとってもっとも価値あるものの一つであることは自明ですし、事業場にとっても従業員が健康で前向きに仕事に取り組めることが事業で価値を生み出すことにつながります。このようなことに関わる産業医の業務が「やりがい」のあるものであってほしいと思います。壁が全くなくなることがいいとは限りませんが、少なくともお互いを壁の上から覗きみたり、必要なときは乗り越えられる高さにしていきたいものです。法令の規定があろうとなかろうと、従業員にも事業場にも必要とされる産業医でありたいと思います。

この本が、産業医になるみなさんが前向きな気持ちをもって業務に取り組んでもらう一助になれば幸いです。

<著者はこんな人　坂田晃一>

産業医を育成することを目的として設立された産業医科大学医学部を卒業したのですが、その当時は産業医になるということは全く頭にはなく、胸部外科教室に入局しました。臨床研修終了後、大学に戻ってから出身大学の特徴を考え、産業医の業務を始めました。産業医というものがどのようなものかもわかっておらず、片や臨床の知識や経験はごくわずかであり、「本当に大丈夫だろうか」という不安は大きかったと記憶しています。そのような中で、大学関係者から「企業立病院の健康管理センターでの勤務を経験しておくと良い」と勧められ、これが産業医としての第一歩になります。人間ドックに関わる診察、各種検査（上部消化管造影検査、腹部超音波検査など）の実施、結果判定を1人でできるようになるまで指導してもらい、楽しく学んだ記憶があります。産業医として、少しずつ分散してあった事業場の訪問を始め、何となく「産業医はこのようなものか」と理解を深めていきました。1年が経つ頃に、院長から内科スタッフとして採用するので他大学の内科教室への入局を勧められたことがきっかけになり、専属産業医としての道を歩もうと思い新たな職場を探し始めました。

製造業のA社に入社し、X事業場に配属されました。関東にあり、社員と協力会社従業員があわせて10,000人を超える規模の事業場で、当時の専属産業医は70歳と私と同級の29歳の2名体制に加わることになります。当初は、「まだ若い同級の産業医を同じ事業場に配属するのは好ましくない」との判断もあったようです。その後、70歳の産業医が退職し、29歳の産業医2名体制になりました。このような体制の選択を判断したA社やX事業場には、健康管理を「変える」という意気込みが強く感じられました。今から20年以上前のことになります。

このときのX事業場の安全衛生健康管理部門の責任者が共著者の福成さんです。作成した会議資料は一字一句赤ペンで修正されたり、仕事の進め方などについていろいろと言われたり、当時は「何で医師でもない人に指導されるのか」という気持ちもありましたが、今では企業の中で信頼を得て仕事をする上での勉強をさせてもらったと感謝しています。その後、後輩の産業医をむかえたときには、自分がその役割を果たすつもりでやっています。

X事業場に12年間程勤務しました。産業医としての業務は、健康診断・特殊健康診断の実施及び事後措置が中心でした。特殊健康診断の業務の経験はなかったのですが、現在のように関係する書物も十分にはなく、あっても基本的な教科書程度で、そのまま実務を行うことはできません。X事業場での従来からのやり方を看護職に聞き、書物を確認して基本を振り返り、見直すべきところに気付いては改善するというサイクルで業務を進めていったと思います。当時は産業医業務について相談できるネットワークも十分持っていなかったのですが、会社の理解もあって研究日を設けてもらい、産業医をしながら隣県の大学医学部衛生学教室の好意で委託研究生となりました。そこで同窓の産業医との関わりを持つことができました。教授をはじめとした教室のメンバーから産業医の実務について多くのことを学び、さらに産業医研修会への参加の機会も増え、さらに学位も取得できました。今もこの大学の非常勤講師として関わらせてもらっており、複数の後輩産業医を社会人大学院で指導していただく関係が現在も続いています。

その後X事業場の専属産業医が2名から5名になったとき

に、本社に異動になりました。本社では、全社の安全衛生健康管理を統括する部門に所属しましたので、全事業場横断的な企画をしたり、事業場をサポートする業務がメインになりました。健康管理施策の策定、全社基準の制定・改訂、産業医会議の企画と運営、新任産業医教育、全社看護職教育、業界産業医会議運営など幅広い業務を経験しました。新型インフルエンザ対応準備委員会や発生時の対応事務局、全社でのメンタルヘルス問診の導入（法制化される前）、高齢者就労の対策など、どちらかというと先進的な取り組みも担当しました。共著者の福成さんは、本社勤務時は再び上司でした。今回の執筆も、福成さんから声をかけられてのことです。

本社勤務時代に会社の経営統合が発表され、社員をはじめ健康管理部門も何ともいえない緊張感と不安感を感じている中で、統合に向けての両社での準備にも関わることになりました。統合会社では、そのまま本社に勤務し、2つの会社の風土がゆっくり混ざっていく時期に健康管理を担当しましたが、どのくらいの役割を果たせたかはわかりません。単身勤務を解消したいとの思いもあって、統合後3年で退職しました。

自宅に戻り、以前から興味があったB社の事業場の専属産業医として勤務を始めています。初めて専属産業医として勤務した事業場と社内の雰囲気は似ていますが、健康管理に関してはかなり違うところがあります。B社でも後輩が、産業医として事業場で勤務を始めてくれる状況は継続できており、新人産業医の指導も重要な業務だと思って取り組んでいます。この経験が、この本の執筆に非常に役立っています。

「まえがき」の通り、この本は、初めて産業医業務を行う医師を対象に書きました。産業医の具体的な業務については、行政を始めとする関係機関の策定したガイドラインや各種関連書籍が多数出されて、以前よりHow toに困るケースは減っています。ただ、産業医の業務は、決して教科書通りにいかないことも多く、1つの答えがあるのではないと感じることが少なくありません。各事業場（会社）の風土や従業員に合わせていくことも大切です。ICTツールの活用の幅を広げていかなければならないと思う一方、まだまだ産業医業務はAIなどに置き換えることがむずかしい分野だと思います。産業医の感性や考え方が問われる部分も大きいでしょう。このことを自由度があると思うか、不安だと思うかは人それぞれですが、この本は産業医としての「やりがい」を感じることができるようになる過程のちょっとした考え方の道案内として執筆したつもりです。

坂田　晃一（さかたこういち）
医学博士、労働衛生コンサルタント（保健）、社会医学系指導医、日本産業衛生学会専門医・指導医、千葉大学大学院医学研究院環境労働衛生学非常勤講師、京都産業保健総合支援センター相談員
1996年住友金属工業㈱に入社。産業医として鹿島製鉄所、2008年同本社、経営統合で移籍し2012年新日鉄住金㈱（現：日本製鉄㈱）本社。2016年川崎重工業㈱に入社。兵庫工場産業医（現職）

<著者はこんな人　福成雄三>

学生時代に安全衛生分野を専攻したわけではありません。A社に入社後、Y事業場の安全衛生課に配属されて、とても驚きました。衛生係の一員として作業環境測定士の資格を取ることが最初のミッションでした。1万人以上の社員のほかに、非常に多くの協力会社の人たちが働く事業場でした。新設間もない診療所があり、健診機器も充実していました。安全衛生課は診療所の2階にあり、産業医をはじめとする健康管理スタッフは身近な存在でした。産業医は3名で、みなさん60歳代の後半だったと記憶しています。

当時の安全衛生課衛生係のメンバーは、自ら考えて行動するという非常に前向きな人たちでした。労働安全衛生法ができて数年しか経っておらず、いろいろなことにチャレンジングに取り組めたという面もあると思います。当時の指導担当だった先輩に「君はこの事業場をどうしていきたいのか」と言われたことが印象に残っています。担当した業務は、作業環境の問題から健康保持増進まで衛生管理全般ということになります。調査研究的なことや開発的なことにも取り組みました。その後、安全管理も担当することになりましたが、中長期的な視点で取り組むことが求められる衛生管理の視点は、安全管理を進める上でもとても重要だと思っていました。

30歳代前半に本社に移り、全社の安全衛生管理を担当しました。特に、大規模な作業環境対策の推進、産業医・保健師の採用を含めた健康管理体制の再構築の取り組みを思い出します。胃検診・大腸検診などを含めた健康診断制度の全面的な見直し、心身の健康保持増進の取り組みなども行いました。メンタルヘルステキストの作成､医療費の解析やシミュレーション､パソコンベースの健康管理システム構築などにも取り組みました。産業医・保健師は身近な存在でした。

X事業場に異動して安全衛生健康管理部門の責任者になり、安全面でいろいろと苦労しましたが、現場第一線の人から「あなたが来て健康管理が変わった」と言われたこともあります。企業内診療所という考え方の下に仕事をしてきた医療スタッフには健康管理の進め方の大きな方針転換に戸惑いもあったようです。二次予防から一次予防へのシフトで、取り組みの視点が全国的にも注目されました。共著者の坂田先生が産業医になってくれたのもこの時期です。

出向して、臨床検査会社の役員をしている時には、大学病院から開業医までの医療機関が取引先で、多くの医療関係者の姿を見てきました。経営としての安全衛生管理の重要性を実感したのもこの時期です。40歳代半ばに全社の安全衛生管理の責任者として本社に戻り、さまざまな新たな視点での安全衛生管理施策に取り組みました。人間工学の取り組み、協力会社・関係会社支援、全社KY教育、機械安全対策の推進、OSHMSの取り組み、危険敢行性問題へのアプローチ、健康管理強化などが思い出されます。他社も含め産業医や産業医学関係者と接する機会も多く、企業における健康管理について深く考えるようになりました。関係病院の運営幹事会等のメンバーも10年ほど勤め、大規模な病院の抱える課題について身近な問題として感じるようになりました。この間、業界の活動にも注力しましたし､業界の国際組織の安全衛生委員会にも出席していました。

その後、教育（安全衛生教育を含む）と省エネ支援を主たる事業とする会社の社長となり、前向きな気持ちを持った社員に充実した日々を支えられました。退任後、中災防の教育推進部に在籍した後、今は公益財団法人大原記念労働科学研究所特別研究員として執筆や講演をしています。

健康管理を含む安全衛生管理に関わり始めて40年以上が経ちますが、「自分の力で安全衛生管理をした」との記憶はまったくありません。一緒に安全衛生課に配属された同期の同僚、職場の同僚・先輩・後輩、いろいろな関係部門の人たち、そして現場第一線の人たちに「教えられ、支えられた安全衛生管理」でした。産業医や保健師とも多くの場面で議論し、教えられ、支えてもらいました。名前を挙げてお礼を伝えたい人がたくさんいます。

安全衛生管理は、経営にとっても、働く人たちにとっても、価値の創造を支えるものです。人が関わるという面でも奥の深い分野ですし、戦略性のいる分野だとも思っています。

福成　雄三（ふくなりゆうぞう）

（公財）大原記念労働科学研究所特別研究員

労働安全コンサルタント（化学）、労働衛生コンサルタント（工学）、日本人間工学会認定人間工学専門家

1976年住友金属工業㈱（現：日本製鉄㈱）に入社。以後、和歌山製鉄所、本社、鹿島製鉄所で安全衛生関係業務に従事。1998年から2年間出向（臨床検査会社専務取締役）、2000年に復帰、本社人事労政部次長、安全健康部長、2012年日鉄住金マネジメント㈱社長、2016年中央労働災害防止協会教育推進部審議役を経て現在に至る。〔著書〕「総括安全衛生管理者の仕事」(2018年)、「安全管理者の仕事」(2017年)、「衛生管理者の仕事」(2017年)、「作業主任者の仕事(有機溶剤、酸素欠乏危険作業、特定化学物質)」(いずれも2019年)（以上、中央労働災害防止協会)、「産業安全保健ハンドブック」(分担執筆、大原記念労働科学研究所、2013年) ほか

<参考文献>

・「産業医の職務Q&A」産業医学振興財団、産業医の職務Q&A編集委員会編、2018年5月
・「産業保健ストラテジーシリーズ（全5巻）」バイオコミュニケーションズ、総編集大久保利晃、2013年3月ほか

坂田 晃一（さかた こういち）
医学博士、川崎重工業㈱兵庫工場産業医
労働衛生コンサルタント（保健）
社会医学系指導医
日本産業衛生学会専門医・指導医

福成 雄三（ふくなり ゆうぞう）
（公財）大原記念労働科学研究所特別研究員
労働安全コンサルタント（化学）
労働衛生コンサルタント（工学）
日本人間工学会認定人間工学専門家

今日から安全衛生担当シリーズ
産業医の仕事

平成31年４月26日　第１版第１刷発行

著　者　　坂田　晃一
　　　　　福成　雄三
発行者　　三田村憲明
発行所　　中央労働災害防止協会
〒108-0023
東京都港区芝浦3丁目17番12号　吾妻ビル9階
電　話（販売）03-3452-6401
　　　（編集）03-3452-6209
印刷・製本　株式会社丸井工文社
カバーデザイン・イラスト　ア・ロゥデザイン

落丁、乱丁本はお取り替えいたします。

ISBN978-4-8059-1866-1　C3060
中災防ホームページ　https://www.jisha.or.jp